KB167001

그림으로 읽는
제2차 세계대전
6

전쟁의 세계화 2

第二次世界大战史连环画库 16, 17, 18, 19

Copyright ⓒ 中国美术出版总社连环画出版社, 2015; 绘画: 陈玉先 等
Korean translation copyright ⓒ Korean Studies Information Co., Ltd., 2016
Korean translation rights of 《History of World War II》 (33 Books Set)
arranged with China Fine Arts Publishing Group_Picture-Story Publishing House directly.

그림으로 읽는
제2차 세계대전 6

초판인쇄 2016년 10월 10일
초판발행 2016년 10월 10일

글 아다阿達, 윈롄雲連, 가오핑중高平仲, 우지더吳繼德
그림 장웨이蔣偉, 랴오쭝이廖宗怡, 레이쓰쭈雷似祖, 위안정양袁正陽, 린쯔치林資奇, 쉬자오첸徐兆前
옮긴이 한국학술정보 출판번역팀
번역감수 안쉐메이安雪梅

펴낸이 채종준
기 획 박능원
편 집 박미화, 이정수
디자인 이효은
마케팅 황영주

펴낸곳 한국학술정보(주)
주소 경기도 파주시 회동길 230(문발동)
전화 031 908 3181(대표)
팩스 031 908 3189
홈페이지 http://ebook.kstudy.com
E-mail 출판사업부 publish@kstudy.com
등록 제일산-115호 2000. 6. 19

ISBN 978-89-268-7478-3 94910
       978-89-268-7466-0 (전 12권)

이 책의 한국어판 저작권은 中国美术出版总社连环画出版社와 독점계약한 한국학술정보(주)에 있습니다.
저작권법에 의하여 한국 내에서 보호를 받는 저작물이므로 무단전재와 복제를 금합니다.

그림으로 읽는
제2차 세계대전
6

전쟁의 세계화 2

글·아다(阿達) 외
그림·장웨이(將偉) 외

이담
Books

전역별 지도

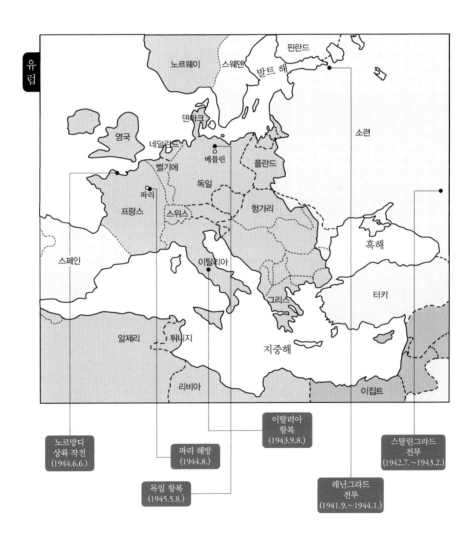

유럽

노르웨이
스웨덴
핀란드
발트 해

덴마크
영국
네덜란드
베를린
폴란드
소련
벨기에
파리
독일
프랑스
스위스
헝가리
스페인
이탈리아
흑해
그리스
터키
알제리
튀니지
지중해
리비아
이집트

노르망디
상륙 작전
(1944.6.6.)

파리 해방
(1944.8.)

독일 항복
(1945.5.8.)

이탈리아
항복
(1943.9.8.)

레닌그라드
전투
(1941.9.~1944.1.)

스탈린그라드
전투
(1942.7.~1943.2.)

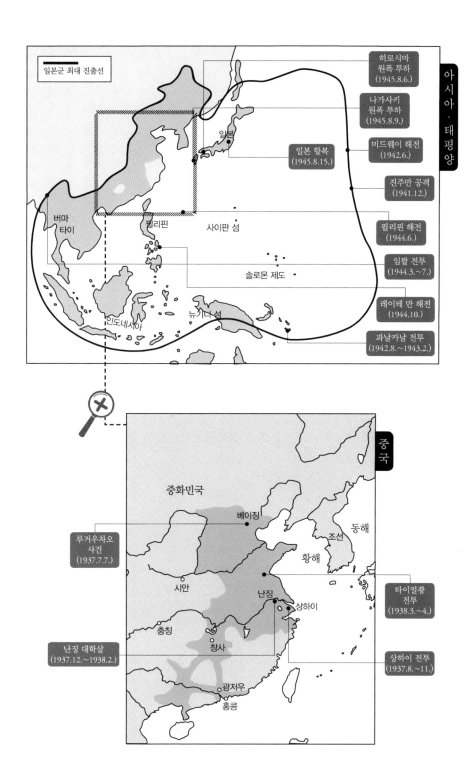

머
리
말

1945년 9월 일본 군국주의의 '무조건 항복'으로 막을 내린 제2차 세계대전이

종식된 지도 40여 년이 지났다. 세계대전이라는 대참사를 겪은 사람들 대다수는 피비린내 나던 그 세월을 잊을 수 없을 것이다. 제2차 세계대전은 유럽, 아시아, 아프리카, 오세아니아 등을 휩쓸었으며, 당시 전 세계 인구의 4분의 3에 달하는 20억 이상이 전쟁에 휘말렸다. 정확한 통계는 어렵지만, 사망자는 대략 5천만 내지 6천만으로 제1차 세계대전과 비교해서 4배가 넘었으며, 전쟁에서 소모되거나 파괴된 자산은 무려 4천억 달러에 이른다. 주요 전장(戰場) 중 한 곳이었던 중국은 일본 파시즘과의 장기전에서 커다란 희생을 치르고 마침내 승리할 수 있었다. 이 승리는 광명이 암흑을 몰아낸 승리이자 정의가 불의를 이겨낸 승리였는데 평범치 않은 역사에는 뒷사람들이 기리는 빛나는 사적과 더불어 몸서리쳐지는 잔혹한 범죄들도 존재했다. 오늘날 이 모든 것은 한 가닥 연기처럼 사라져 기억 속의 옛 자취가 되었다. 그러나 이러한 역사가 되풀이되지는 않을까? 또다시 똑같은 참사가 발생하지는 않을까? 이와 같은 고민은 전쟁의 상처를 고스란히 떠안은 우리 세대와 평화를 사랑하고 정의를 추구하는 개개인이 진지하게 심사숙고해야 할 문제이다.

중국연환화출판사에서 발간한 『제2차 세계대전사 연환화고(連環畵庫)』는 더 많은 독자가 제2차 세계대전의 전반적인 역사를 이해하기 쉽도록 풍부한 그림과 글로 세계대전의 전체 과정과 그중 중요한 전투를 재현했다. 일찍이 루쉰(魯迅) 선생이 '계몽의 예리한 도구'라 극찬한 연환화(連環畵)*는 중화인민공화국 수립 이후 지난 40년간 신속한 발전을 가져와 대중들에게 중요한 정신문화로 자리 잡았다. 독자층이 넓어지고 제재도 풍부해지면서 형식과 표현에서 진일보한 연환화는 예술적 감상과 오락적 가능을 넘어 지식을 전달하거나 교육 자료로 이용되는 등 여러 방면에서 활용되고 있다. 아무쪼록 본 시리즈가 독자들이 역사적인 사실을 배우고 이해하는 데 도움이 되길 바라며, 전쟁 도발자들의 추악한 면모와 야욕을 알고 평화와 정의를 수호하는 일이 얼마나 위대한 것인가를 깨닫기 바란다.

1989년 12월

장웨이푸(姜維朴)

---

* 연환화(連環畵): 여러 폭의 그림으로 이야기나 사건의 전체 과정을 서술하는 회화를 말하며 연속만화, 극화(劇畵)라고도 한다. 20세기 초 상하이에서 발전하기 시작했으며 문학작품을 각색하거나 현대적인 내용을 제재로 한다. 간단한 텍스트를 엮은 후 그에 걸맞은 그림들을 그리는데, 보통 선묘를 위주로 하며 간혹 채색화도 있다.

차
례

연
표

1929년
- 10.24. 뉴욕 증시 대폭락으로 세계 경제대공황 시작

1931년
- 09.18. 만주사변(~1932 02.18.), 일본 승리

1933년
- 01.30. 히틀러, 독일 수상에 취임
- 03.04. 루스벨트, 미국 대통령에 취임

1945년
- 02.19. 이오 섬 전투(~03.26.), 미군 승리
- 03.10. 미국의 일본 도쿄 대공습
- 04.01. 오키나와 전투(~6.23.), 미군 승리
- 04.28. 무솔리니 공개 처형
- 04.30. 히틀러 자살
- 05.08. 독일 항복
- 08.06. 히로시마 원자폭탄 투하
- 08.09. 나가사키 원자폭탄 투하
- 08.15. 일본 항복

1937년
- 07.07. 루거우차오 사건(~07.31.), 일본 승리
- 08.13. 상하이 전투(~11.26.)
- 12.13. 일본의 난징 점령과 대학살(~1938.02.)

1938년
- 03.12. 독일, 오스트리아 합병
- 03.24. 타이얼좡 전투(~04.07.), 중화민국 승리
- 09.30. 뮌헨 협정(영·프·독·이)

1944년
- 03.08. 임팔 전투(~07.03.), 연합군 승리
- 06.06. 노르망디 상륙 작전
- 06.11. 사이판 전투(~07.09.), 미군 승리
- 06.19. 필리핀 해전(~6.21.), 미군 승리
- 08.26. 파리 해방
- 10.23. 레이테 만 해전(~10.26.), 연합군 승리
- 09.15. 펠렐리우 전투(~11.27.), 미군 승리
- 12.16. 벌지 전투(~1945.01.25.), 연합군 승리

1939년
- 03.15. 독일 체코슬로바키아 해체, 병합
- 08.23. 독일·소련 불가침조약
- 09.01. 독일의 폴란드 침공으로 제2차 세계대전 발발
- 11.30. 소련 – 핀란드 겨울 전쟁(~1940.03.13.)

1940년
- 05.10. 처칠, 영국 총리에 취임
- 05.26. 영·프 연합군의 됭케르크 철수(~06.03.)
- 09.27. 독일·이탈리아·일본 3국 동맹

1943년
- 09.08. 이탈리아 항복
- 11.22. 카이로 회담(1차 11.22.~26. / 2차 12.02.~07.)

1941년
- 06.22. 독일의 소련 침공으로 독소전쟁 발발
- 09.08. 레닌그라드 전투(~1944.01.27.), 소련 승리
- 12.07. 일본의 진주만 공습(태평양전쟁 발발)

1942년
- 01.31. 싱가포르 전투(~02.15.), 일본 승리
- 06.04. 미드웨이 해전(~06.07.), 미군 승리
- 07.17. 스탈린그라드 전투(~1943.02.02.), 소련 승리
- 08.07. 과달카날 전투(~1943.02.09.), 연합군 승리

윈스턴 처칠(Winston Leonard Spencer Churchill, 1874.11.30. ~ 1965.1.24.)
영국의 정치가로 제2차 세계대전 당시 체임벌린의 뒤를 이어 총리직에 올랐다. 미국과 소련을 끌어들여 노르망디 상륙 작전, 대일본 작전 등을 성공시키며 전쟁 초기의 불리한 전세를 뒤집고 연합국의 승기를 마련했다. 추축국 세력을 무력화시키는 데 큰 공헌을 한 것으로 평가받지만, 드레스덴 폭격은 정당하지 못한 공격이었다는 비판도 받았다. 글과 그림에도 조예가 깊어, 1953년 노벨문학상을 받았다.

프랭클린 루스벨트(Franklin Delano Roosevelt, 1882.1.30. ~ 1945.4.12.)
미국의 32대 대통령으로 미국 역사상 처음이자 마지막으로 네 번이나 대통령직에 당선돼 12년간 백악관에 머물렀다. 대공황을 극복하기 위해 뉴딜 정책(정부의 개입에 의한 적극적인 경제 정책)을 강력하게 추진했다. 제2차 세계대전 초기에는 중립을 선언했으나, 1941년, 일본의 진주만 공습을 계기로 연합군에 동참해 미국과 연합국의 승리를 이끌었다. 1945년 4월 12일, 독일의 항복을 눈앞에 두고 뇌출혈로 사망했다.

드와이트 아이젠하워(Dwight David Eisenhower, 1890.10.14. ~ 1969.3.28.)
미국의 군인이자 정치가로 미국 34대 대통령을 지냈다. 제2차 세계대전 당시 북아프리카 전역에서는 횃불 작전을 지휘했으며, 이후 연합군 최고사령관으로서 노르망디 상륙 작전을 성공시켜, 1945년 5월, 독일의 항복을 받아냈다. 대통령으로 당선된 직후인 1952년 12월, 한국전쟁 중인 우리나라를 방문했으며, 이듬해 7월, 한국전쟁을 휴전으로 종결지었다.

모리스 가믈랭(Maurice Gustave Gamelin, 1872.8.20. ~ 1958.4.18.)
프랑스의 군인으로 육군 참모총장과 전군 참모총장을 지냈다. 제2차 세계대전 당시 서부전선 연합군 총사령관으로 재임 중이었으나 독일군의 공세로 서부전선이 무너지자 면직을 당했다. 패전의 책임자로 비시 정권(1940~1944년 동안 남부 프랑스 비시를 수도로 한 친독 정권)에 의해 재판에 회부돼 종전까지 독일에서 수감 생활을 하다가 미군에 의해 구출됐다.

1942년 여름, 영·미 연합군은 '햇불 작전'을 전개하기로 결정했다. 11월 8일, 연합군은 세 갈래로 나누어 프랑스령 북아프리카 알제, 오랑, 카사블랑카에 상륙해 프랑스 비시정부군과 협상하는 동시에 전투를 벌이게 된다. 연합군이 북아프리카에 상륙하고 3일째 되는 날, 비시정부가 무너지고 북아프리카의 프랑스군은 모든 저항을 멈추고 상륙한 영·미 연합군에 협력하기로 결정했다. 1943년 1월, 카사블랑카에서 영·미·프 수뇌회의를 가진 뒤, 연합군은 추축군에 대한 공세를 강화하고 병력을 집중해 북아프리카에서 그들의 마지막 보루인 튀니지를 향해 총공격을 개시했다. 치열한 전투를 거쳐 최종 승리를 거둔 연합군은 튀니지를 점령했고, 5월 13일, 북아프리카의 독일·이탈리아 추축군 25만 명이 연합군에 전부 항복했다. 연합군의 승리로 추축군의 지중해에 대한 위협이 사라졌으며, 다음 단계인 연합군의 시칠리아 상륙 및 이탈리아 본토 공격에 유리한 조건이 갖춰진 것이다.

글·아다(阿達)·윈롄(雲連)

그림·장웨이(蔣偉)

그림으로 읽는 제2차 세계대전 ❻

전쟁의 세계화 2

연합군의
북아프리카 상륙

1

1941년 여름, 유럽 동부전선에서는 독일군이 소련에 대거 침입하고, 서부전선에서는 서유럽 각국의 국민들이 저항 단체를 조직해 무장 투쟁을 벌이고 있었다. 자유프랑스 지도자 드골 장군은 9월에 프랑스민족위원회를 수립하고 프랑스 국내와 북아프리카 식민지에서 저항 운동을 벌였다.

이 기간 동안 아프리카 전선에서 영국군과 추축군은 여러 차례 격전을 치른 후 잠시 휴식 · 정비 · 보충 및 군대 재개편 작업을 실시했다. 영국군은 만반의 준비를 끝내고 11월에 독일군을 공격하기 위한 '십자군 작전'을 벌이기로 했다.

영국군은 커닝엄 장군이 지휘하는 제8집단군을 주력으로 독일 로멜 장군의 아프리카군단
과 치열한 전투를 벌였는데 어느 누구도 결정적인 승리는 거두지 못했다.

12월 하순, 미국을 방문한 처칠 영국 수상은 루스벨트 대통령에게 영·미 연합군이 프랑
스령 북아프리카에 상륙해 추축군을 소탕하고 북아프리카를 덮친 전쟁의 위협을 제거하
는 '짐내스트 작전'을 제안했지만 의견 일치에 도달하지 못했다.

1942년 6월, 처칠은 다시 워싱턴을 방문해 '짐내스트 작전'의 공동 실행을 제의했다. 양국
은 여러 차례 협상을 거친 끝에 의견 일치를 보고, 영·미 연합군을 빠른 시일 내에 북아프
리카에 상륙시키기로 했으며, 작전명을 '횃불 작전'으로 개명했다.

1942년 7·8월, 횃불 작전을 실시하기 위해 영·미연합참모장위원회는 연합군 북아프리
카 원정군 총사령관에 미국의 아이젠하워 장군을, 부총사령관에 영국의 알렉산더 장군을
임명했다. 11월 8일, 횃불 작전에 따라 영·미 연합군은 알제, 오랑, 카사블랑카에 상륙하
기로 했다.

횃불 작전에는 영·미 연합군 총 13개 사단 병력에 군함과 수송선 650척으로 구성된 서부, 중부, 동부 기동함대와 비행기 1천7백 대가 동원됐으며, 이 비행기들은 대부분 이미 지브롤터에 주둔하고 있었다.

작전 계획에 따라 미국의 찰스 라이더 소장이 지휘하는 영·미 양국 육군 연합부대가 동쪽 알제에 상륙하기로 했다.

로이드 프리덴들 소장이 지휘하는 미 육군은 중부에 상륙해 알제리 오랑을 탈취하기로 했다.

조지 S. 패튼이 지휘하는 미 육군 제2군단은 미 본토에서 출발해 서쪽 모로코의 카사블랑카에 상륙하기로 했다.

작전 계획에 따르면 횃불 작전에 참가한 영국 수송선은 10월 26일 전에 모두 영국 항구에서 출발해야 했고, 미국 부대는 10월 24일 미국 항구에서 군함을 타고 출항해야 했다. 영·미 원정군은 반드시 동일한 시각에 각자의 상륙 지점에 도착하기로 했다.

1942년 10월 22일과 25일, 영·미 연합군 수송함대는 연이어 영국에서 출항해 파도를 가르며 북아프리카로 항진했다. 11월 5일 밤, 지브롤터 해협을 통과했다.

같은 날, 아이젠하워 장군은 비행기로 지브롤터에 도착해 이번 상륙 작전을 지휘했다. 마침 영국군 제8집단군이 엘 알라메인 전선에서 압도적인 승리를 거두고, 서쪽으로 추축군 패잔병을 추격하는 중이었다. 이러한 형세는 영·미 연합군의 북아프리카 상륙 작전에 매우 유리했다.

연합군이 순조롭게 북아프리카에 상륙하기 위해 영·미 양국 정부는 군사상의 준비 외에 정치적인 공세도 적극적으로 펼쳤다. 그들은 북아프리카에 주둔하고 있는 프랑스 비시정부군에 귀순을 권고해 '피를 흘리지 않고' 프랑스령 북아프리카 각 지역을 점령하려 했다.

북아프리카의 모로코와 알제리는 원래 프랑스의 식민지였다. 유럽전쟁이 시작된 후, 프랑스가 항복하면서 이들 나라는 독일의 조종을 받는 프랑스 비시정부가 통치하게 됐다. 영국정부는 드골의 자유프랑스를 지지했기에 비시정부는 영국을 적대시했다. 이 때문에 영·미의 북아프리카 상륙 전 정치 활동은 모두 미국의 이름으로 진행됐다.

10월, 연합군의 순조로운 상륙을 위해 머피 주북아프리카 미국 수석대표와 횃불작전부대 부사령관 클라크 장군은 알제 방어구역 사령관 마스트, 카사블랑카 방어구역 사령관 베투아르 등과 비밀리에 접촉해 영·미 연합군에 협조해 줄 것을 요청했지만, 구체적인 상륙 지점과 시간은 알려 주지 않았다.

이와 함께 독일 정보원도 영·미 연합군의 빈번한 이동을 감지하고, 10월 5일 히틀러에게 지브롤터 부근의 함대가 대서양 쪽에서 오는 대량 수송선대와 합류해 동쪽 지중해로 나아가고 있음을 보고했다.

히틀러는 정보원의 보고를 흘려듣고, 다만 지중해의 공군력을 더욱 강화하라고 명령했을 뿐이다. 그러고는 11월 8일, '맥주홀 폭동' 19주년 기념대회를 경축하기 위해 뮌헨으로 출발했다.

상륙 예정일 하루 전, 즉 11월 7일 아이젠하워는 '명망이 높은' 프랑스군 지로 장군을 지브롤터에서 직접 만나 그의 영향력을 빌려 북아프리카의 프랑스군이 연합국에 동조하도록 유도하려고 했다.

동시에 머피 주북아프리카 미국 수석대표는 알제리에서 후앙 북아프리카 프랑스군 총사령관을 은밀히 만나 곧 상륙할 영·미 연합군에 협력할 것을 요구했다. 그러나 후앙은 결정권을 비시정부 주북아프리카 대표, 해군 총사령관 다를랑 상교에게 넘겼다. 머피는 또다시 그들과 비밀리에 접촉했으나 확답을 얻지는 못했다.

1942년 11월 8일, 영 · 미 연합군의 세 기동함대는 계획에 따라 각각 알제, 오랑, 카사블랑카 등지에 상륙했다.

동부 기동함대는 부로스 영국 해군 소장의 지휘 아래 오후 1시 상륙부대를 알제의 동서 양쪽 해안가로 수송했다. 상륙한 연합군의 총괄 지휘는 라이더 미군 소장이 맡았다.

서쪽에서는 영국군 제11여단이 순조롭게 해안을 점령하고 앞으로 진격해 나갔다.

동쪽에서 미군을 수송하던 선박이 갑작스런 파도 때문에 해안선에서 수 km 떨어진 곳까지 떠밀려가 어둠 속에서 작은 소동이 있었다. 날이 밝은 후 상륙부대는 재빨리 상황을 수습하고 해안가에 무사히 상륙했다.

연합군 상륙부대는 신속하게 진군해 알제 항에 도착했으나 프랑스군의 거센 저항에 부딪혔다. 많은 병사들이 포위됐고, 영국 구축함 2척이 항구에 진입하다가 포탄에 명중돼 손상을 입었다.

그 시각 연합군은 다를랑 주북아프리카 프랑스 비시정부 전권대표에게 모든 프랑스군의 저항을 중지시켜 달라는 최후통첩을 보냈고, 다를랑은 동료회의를 열어 연합군의 최후통첩을 받아들이기로 했다.

마스트 알제 프랑스군 사령관은 상륙한 영·미 연합군에 즉시 협조해 감제고지*를 빼앗아 장악한 뒤 알제 항의 통신 시설을 폐쇄하고 뒤이어 경찰국과 방송국을 점거함으로써 신속하게 도시 전체를 접수했다.

*감제고지(瞰制高地): 〈군사〉 적의 활동을 살필 수 있는 주변이 두루 내려다보이는 고지

8일 1시경, 중부 기동함대는 미군 상륙부대를 오랑의 해안가에 상륙시켰고, 상륙부대는 프리덴들 소장의 지휘 아래 순조롭게 아르죄 만과 엘 안달루스를 점령했다.

미군은 기세를 몰아 오랑을 집중 공격했으나 프랑스 수비군은 철벽 방어로 이들을 들여놓지 않았다. 미군을 수송하던 영국 군함 2척이 오랑 항 진입을 강행하다가 격침돼 승무원과 반 이상의 부대원이 죽거나 부상을 당했다.

이튿날, 미군의 공격은 여전히 진전이 없었다. 이때 현지 프랑스군 지휘관이 알제에서 프랑스군이 연합군에 협력하기로 결정했음을 알게 되면서 저항 의지가 급격히 약화됐다. 10일 오전, 미군 기갑부대가 남쪽에서 돌파해 성안으로 들어서면서 프랑스군 사령부에 바싹 다가섰고, 같은 날 정오 무렵 프랑스군은 항복했다.

서부 기동함대가 수송을 맡은 상륙부대는 패튼 미군 소장이 지휘하는 부대로 역시 8일 동틀 무렵 카사블랑카 연안에서 상륙을 실시했다. 프랑스군이 연합군의 상륙함정을 향해 포격해 양측은 치열한 포격전을 벌였다.

미군 상륙부대는 프랑스 수비군과 몇 시간의 격전을 치른 끝에 카사블랑카 부근의 페드라, 케니트라, 사피 등지에 상륙했다.

이튿날, 미군은 자신들의 상륙 장소에 교두보를 구축하는 한편 내지로 밀고 들어갔다.

그 시각, 프랑스 비시정부는 히틀러의 압력으로 연합군이 북아프리카에 상륙하고 이틀째 되는 날, 즉 10월 9일 미국과 정식으로 외교 관계를 단절한다고 선포했다.

10일 오후, 다를랑 프랑스 주북아프리카 전권대표는 연합군의 최후통첩을 받아들여 북아프리카 프랑스군에 휴전 명령을 발포했다. 북아프리카의 상황을 지켜본 히틀러는 그날 저녁 8시에 독일군에 프랑스 비시정부가 통치하던 프랑스 남부 지역에 진주하라고 명령하고, 이탈리아군도 협조해줄 것을 요구했다.

11일 아침, 독일 기계화부대와 이탈리아 6개 사단이 재빨리 프랑스 남부의 비시정부가 통치했던 '자유지역'을 모두 점령함으로써 비시정부가 무너졌다. 이와 함께 이탈리아군은 프랑스의 코르시카 섬을 점령했다.

이 기간 동안 카사블랑카로 진격하던 미군은 더욱 속도를 냈다. 이때 노게 모로코 총독이
다를랑이 정전 명령을 내린 것과 함께 비시정부가 무너졌다는 소식을 전해 듣고, 11월 11
일 프랑스 수비군에 휴전 명령을 내렸다. 미군은 곧 카사블랑카에 진주했다.

알제에 상륙한 영·미 연합군은 영국 제1집단군 사령관 앤더슨 장군의 지휘 아래 해상,
육로에서 동시에 출발해 튀니지 북부로 달려가 추축군의 진로를 차단하기로 했다. 11일,
영·미 연합군은 군사 요충지인 부지를 점령하고, 사흘째 되는 날, 지젤 공항을 점령했다.

11월 13일, 클라크 미국 대표가 다를랑과 협정을 체결했다. 협정에서 미국은 다를랑의 북아프리카에서의 지도권을 인정하며, 다를랑은 고급행정책임자 겸 해군 총사령관, 지로는 지상부대 및 공군 총사령관, 후앙은 동부 사령관, 노게는 서부 사령관으로 각각 임명하는 동시에 프랑스군은 연합군에 적극적으로 협조해 튀니지를 해방해야 한다고 규정했다.

이 기간 동안 미국 공수대대는 동남 방향으로 약 130km 진격해 가베스 만에서 멀지 않은, 트리폴리로 통하는 교통 요충지인 가프사 공항을 점령했다.

11월 16일, 영국군 한 종대가 연해 도로를 따라 공격하면서 비제르테로 향하는 도중 작은 항구 타바르카를 점령했다.

17일, 앤더슨 영국 제1집단군 사령관은 소속 제78사단에 튀니지로 진군해 추축군을 소탕하라고 명령했다.

튀니지에 대한 연합군의 강공을 막아내기 위해 히틀러는 서유럽과 이탈리아에서 추축군 5개 사단 병력을 이동시켜 제5기갑군을 구성하고 아르님을 최고사령관으로 하여 해상과 항공을 이용해 신속하게 튀니지의 군대를 증원했다.

아르님은 새로 편성된 제5기갑군 소속부대가 집결하기도 전에 선두부대에 우선 튀니지 성과 비제르테 항 진주를 명령했다. 동시에 기타 소속부대는 서쪽으로 진군해 영·미 연합군의 공격을 저지하려 했다.

추축군은 곧바로 튀니지 성에 주둔하고 있는 프랑스군에 최후통첩을 보내 프랑스군이 튀니지 변경까지 철수할 것을 요구했다. 11월 19일, 바레 프랑스군 사령관이 독일군의 최후통첩을 거절했다. 하지만 얼마 지나지 않아 프랑스군은 부득이하게 자발적으로 튀니지에서 철수했다.

11월 하순, 북아프리카에 상륙한 연합군은 모로코와 알제리를 점령한 후 곧바로 튀니지로 진격해 비제르테와 튀니지 성에 접근했다.

이즈음, 독일군은 서쪽을 향해 매우 용맹스럽게 진격했지만 사실은 적에게 겁을 주기 위한 위장 전술로 실제 역량은 거기에 미치지 못했다. 그러나 영ㆍ미 연합군은 독일군의 위협적인 기세에 속고 말았다. 11월 25일, 연합군은 좌우, 가운데 세 갈래에서 튀니지를 공격했으나 아군의 지원을 받지 못해 결국 서쪽으로 철수했다.

11월 말, 추축군은 튀니지 전체를 점령하고 엘 알라메인 전투에서 패배한 로멜의 아프리카군단과 합류했다.

12월 22 · 23일, 연합군이 재공격을 준비했으나 큰비가 내려 도로가 진흙탕이 되자 아이젠하워 연합군 총사령관은 어쩔 수 없이 계획을 취소했다. 튀니지 전투는 잠시 소강상태에 들어갔다.

12월 24일, 프랑스 주북아프리카 고급행정책임자인 다를랑이 암살당했다. 지로 장군이 북아프리카 군정대권을 인수받으면서 프랑스군과 연합군의 합작은 더욱 강화됐다.

1943년 1월 초, 북아프리카 프랑스 수비군은 연합군에 참가해 튀니지 중부에서 추축군과 전투를 벌이기 시작했다. 영국군과 미군은 각기 북부와 남부에서 공격했다.

북아프리카에 상륙해 동진하던 연합군은 엘 알라메인 전투에서 승리하고 서쪽으로 추축군 패잔병을 추격하던 영국군 몽고메리의 제8집단군과 협력해 동서 양쪽에서 추축군을 협공했다.

전체 북아프리카 전선에서 연합군은 유리한 형세를 맞이했다. 북아프리카의 정치적 국면을 안정시키고 연합군의 영향을 확대하며 다음 단계 군사 계획을 수립하기 위해 루스벨트 미국 대통령과 처칠 영국 수상은 1월 14일부터 23일까지 카사블랑카에서 회담을 개최하기로 했다.

회담에서 우선적으로 북아프리카의 프랑스 정권 문제를 다루었다. 미국은 지로 북아프리카 군정장관을, 영국은 저항운동 지도자인 드골을 지지했다. 열띤 토론 끝에 최종적으로 지로와 드골이 공동으로 프랑스 정부 임시기관을 조직하기로 했다.

회담이 폐막되기 전날인 1월 22일, 영·미 정상의 특별 요청으로 드골 프랑스해방운동위원회 주석이 비행기로 카사블랑카에 도착해 회담에 참석했다. 이번 회담에서는 북아프리카 승리 후의 계획 그리고 다음 단계인 이탈리아 시칠리아 섬 공격 및 유럽 제2전장 개척 등 중요한 문제들을 다루었다.

이 기간 동안 루스벨트와 처칠이 협상하고 중재한 끝에 드골은 지로와 손을 잡는 데 동의했다. 1월 26일, 드골과 지로는 연합공보를 발표했는데, 6월에 북아프리카에서 '프랑스민족해방운동위원회'를 조직하고 두 사람이 함께 주석을 맡기로 결정했다. 훗날 지로는 프랑스군 총사령관 직만 맡았다.

카사블랑카 회담 후 연합군의 사기는 더욱 올라갔고 프랑스군의 협조를 받아 1월 말에 튀니지 남부와 북부에서 강공을 개시했다.

2월 14일, 연합군의 공격 소식을 전해들은 독일군은 즉시 튀니지 남부에 집결해 있던 2개 전차사단으로 선제공격을 했는데, 아르님 제5집단군 사령관의 부관 지글러의 지휘 아래 양쪽에서 연합군을 포위했다. 미군은 함정에 빠져 전차 40대가 파괴되는 등 큰 피해를 당했다.

그날 로멜은 지글러에게 밤을 틈타 진격하라고 재촉했으나 지글러가 아르님의 승인을 받은 다음 진군해야 한다고 고집해 많은 미군을 놓쳤다.

이와 함께 로멜은 전투부대를 이동시켜 가프사에 있던 연합군의 남쪽을 공격하고, 페리아나를 가로질러 80km를 진격해 텔레프테에 있는 미군 비행장을 점령했다.

연합군 사령관 앤더슨 장군은 어쩔 수 없이 프랑스군과 미군에 서쪽으로 카세린까지 철수하라고 명령했다. 그러나 부대는 산 어귀에 도착해 또다시 로멜 부대의 습격을 받아 후퇴했다.

이번 공세에서 독일군은 240km를 진격했지만, 연합군은 전차 2백 대가 파손됐으며 병사 1천여 명이 죽거나 부상을 당해 곤경에 처했다.

2월 19일, 새로 편성된 연합군 제18집단군 알렉산더 사령관이 전선에서 연합군 지휘를 맡게 됐다. 그는 즉시 부대를 개편 및 정비했고, 전차를 추가 투입했으며, 공군의 지원을 받아 다시금 전력을 강화했다. 제18집단군은 곧바로 다시 전투에 임하여 로멜 군단이 서쪽으로 진격하는 것을 저지했다.

23일, 로멜은 명에 따라 튀니지의 추축군 전체를 총괄 지휘하게 됐다. 26일, 아르님이 소속 부대를 지휘해 튀니지 북부 해안과 포두 파스 사이 110km 전선에서 영국군을 향해 공격을 개시했으나 실패해 큰 타격을 입었다.

이때부터 튀니지 전장에 근본적인 변화가 생겨 연합군은 추축군과의 교전에서 절대적인 우위를 차지하게 됐다. 3월 9일, 로멜은 아프리카를 떠나고 추축군 지휘권은 아르님이 이어받았다.

이즈음 엘 알라메인 전투에서 대승을 거둔 영국군 제8집단군은 사령관 몽고메리 장군의 지휘 아래 동쪽으로 추축군 패잔병을 추격해 튀니지까지 진입했다.

3월 20일, 튀니지에 들어간 영국군 제8집단군은 마레트 방어선을 공격했으나 저지당했다. 몽고메리 장군은 전술을 바꿔 내륙으로 진군한 후 먼 거리로 우회하는 측면 공격 전술을 사용해, 28일 함마메트를 돌파하고 가베스에 도착해 마레트 방어선을 점령함으로써 주도권을 잡았다.

동시에 북아프리카에 상륙한 연합군은 튀니지 남부에서 총반격을 개시했다. 패튼이 지휘하는 미군 제2군단 전차부대는 해안선을 따라 진격해 몽고메리의 정면 공격을 적극 지원했다.

추축군은 1주일 동안 치열한 전투를 치렀으나, 4월 6일 결국 튀니지 성으로 후퇴했다. 같은 날, 영국군 제8집단군 좌익이 동쪽으로 빠르게 전진해 오던 미군 제2군단과 합류했다. 이때부터 북아프리카 연합군 부대 전체가 1개 전선으로 이어졌다.

4월 중순, 추축군은 연합군에 둘러싸여 튀니지 북부에 고립됐다. 바다를 등진 채 탄약과 연료, 식량 등을 보급받지 못해 말 그대로 '독 안에 든 쥐'가 됐다.

1943년 4월 20일, 연합군은 20개 사단과 4개 여단의 월등한 병력으로 총공격을 개시했다. 영국군 제8집단군은 북쪽을 돌파하고 영·미 연합군 및 프랑스군은 동쪽을 공격했다. 4월 22일, 양군은 일대 결전을 벌였다.

5월 6일, 프랑스군은 파스 교를 점거하고 추축군의 마지막 방어선을 돌파함으로써 추축군의 모든 퇴로를 차단했다.

5월 7일, 10여 일간 전투를 치른 끝에 영국군은 튀니지 성을 함락하고, 미군은 비제르테 항을 점령했다.

1943년 5월 초순, 북아프리카 전역의 승부는 이미 결정이 났다. 아르님 추축군 사령관이 부대에 휴전 명령을 내리고, 5월 13일, 항복서에 서명하면서 북아프리카에 있던 추축군 25만 병력은 전부 연합군에 항복했다.

이로써 연합군은 북아프리카의 추축군을 전부 소탕했고 독일·이탈리아 파시즘은 파멸의 길로 치닫기 시작했다.

연합군이 북아프리카 전역에서 승리함으로써 지중해는 또다시 영국의 세력권에 들어가게 됐고, 이탈리아 본토가 그대로 드러나면서 연합군이 시칠리아에 상륙해 승리를 거두기 위한 든든한 기초를 닦아놓았다.

1939년, 히틀러는 폴란드 침공 후 서유럽을 공격하기 위한 '황색 작전'을 수립했다. 황색 작전은 마지노 방어선을 우회해 프랑스·벨기에 국경을 따라 아르덴 산악 지대를 돌파한 후 영국 해협에 나아가 영·프 연합군을 무찌르고 영국을 점령하는 것이었다. 서부전선에서 전투가 시작되고 얼마 안 돼 영·프 연합군은 프랑스 북부의 해안 지역 일대에서 전멸될 위험한 상황에 처했다. 절체절명의 순간, 히틀러는 별안간 군대에 3일간 공격을 중지하라는 명령을 내렸고, 영·프 연합군은 9일 동안 조직적·계획적으로 33만 8천 명의 대부대를 철수시켜 병력을 보존함으로써 전쟁사에 한 차례의 기적을 이루어냈다.

글·가오핑중(高平仲)
그림·랴오쭝이(廖宗怡)

그림으로 읽는 제2차 세계대전 ⑥

전쟁의 세계화 2

연합군의
됭케르크 철수

2

1940년 5월 10일, 폴란드를 점령한 독일군은 공수부대를 파견해 전격전으로 서유럽의 네덜란드, 벨기에, 룩셈부르크 등을 점령하고, 곧바로 전력으로 프랑스를 향해 진격했다.

5월 20일, 남쪽에 있던 독일군은 아르덴 산악 지대를 넘어 프랑스 북부에서 셴 강을 도하해 스당 요새를 점령했으며, 곧이어 뫼즈 강도 성공적으로 도하했다.

뫼즈 강의 프랑스군 방어선을 돌파한 독일군은 둘로 나누어, 한 갈래는 프랑스 수도 파리를 공격하고 다른 한 갈래는 넓고 평탄한 도로를 따라 영국 해협을 향해 진격했다.

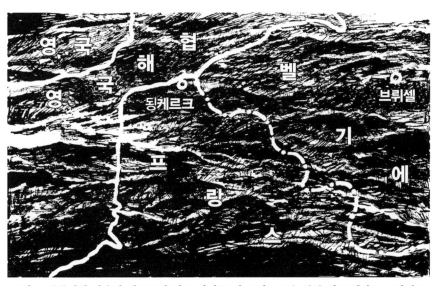

프랑스 북부에서 싸우던 대규모의 영국 원정군 및 프랑스군은 북부 항구 됭케르크 일대로 철수했다. 벨기에 접경 지역에 위치한 됭케르크는 북쪽으로는 영국 해협을 사이에 두고 영국 본토와 마주 보는 곳으로 연합군이 철수할 수 있는 유일한 항구였다.

5월 20일, 영국 해협을 향해 진격하던 독일군이 프랑스 북부의 블로뉴와 칼레 항구를 점령하고, 됭케르크에서 20km 떨어진 운하 부근까지 접근함에 따라 됭케르크에 철수해 있던 수십만 연합군은 좁은 지역 내에 고립돼 전멸될 위기에 처했다.

영국 원정군과 프랑스군이 전멸할 위기에 놓인 긴박한 순간, 처칠 신임 영국 수상은 해군 회의를 열고 됭케르크 철수 계획인 '다이나모 작전'을 수립했다.

5월 24일, 영국 원정군 사령관 고트 장군이 연합군 최고사령부의 승인 없이 독단적으로 아라스 지역에 있던 영국군을 북쪽으로 철수시켜 연합군과 프랑스 남부 사이 연계가 끊기게됐다.

이렇게 약 40만에 달하는 영·프 및 기타 연합군은 됭케르크에서 벨기에 국경 사이 좁은삼각 지대에 포위돼 앞은 바다에 막히고 뒤는 독일군에 추격당하는 상황이 됐다. 연합군총사령부는 현지 지형에 익숙한 프랑스군을 후방에 배치해 방어를 강화하고 독일군의 포위 공격을 저지하며 연합군의 철수를 엄호하게 했다.

고립된 연합군은 뿔뿔이 흩어져 어쩔 수 없이 도로를 따라 해변으로 퇴각한 후 영국 해협을 건너야 했다. 그러나 도로에는 버려진 무기, 차량 및 프랑스와 벨기에의 난민들이 가득차 있어, 연합군은 먼저 불도저로 방해물들을 도로 양옆으로 밀어내고 난민들을 들판으로 이동시켜야 했다.

영 · 프 군대가 추격하는 독일군에 둘러싸여 전멸될 절체절명의 순간, 히틀러는 전선을 시찰하기 위해 샤를빌 메지에르에 있는 A 집단군 사령부를 방문해 독일군의 승리를 치하했다.

히틀러는 A 집단군 사령부에서 룬트슈테트 장군의 전황 보고를 듣고 독일 기갑부대에 공격을 3일 동안 중지하라고 명령했다. 그의 목적은 영국 원정군이 철수할 수 있게 해줌으로써 영국의 호감을 사 양측이 평화협정을 맺고 서부전선 전투를 마무리하는 한편 점령 지역에 대한 통치체제를 공고히 하기 위함이었다.

히틀러의 판단은 독일군 총사령부 내에 혼란과 다툼을 초래했고, 각급 지휘관은 황당하기 그지없는 명령이라고 여겨 상관에게 반문하거나 항의했다. 브라우히치 독일군 총사령관과 할더 총참모장은 사직서를 제출할 정도였으며, 그들은 됭케르크에 포위된 영·프 연합군을 단번에 전멸시킬 것을 주장했으나 히틀러에게 통찰력이 없다고 비난받았다.

독일 A 집단군 사령부 내에서도 이견이 분분했는데, 룬트슈테트 사령관은 연합군이 고립
된 지역이 늪지대여서 독일 전차가 들어가기 어려우므로 보병이 오기를 기다려 공격해야
한다고 주장했고, 괴링 공군 총사령관은 공군이 단독으로 포위된 연합군을 소탕할 수 있으
므로 지상부대가 필요 없다고 주장했다.

5월 25일 오전, 브라우히치가 재차 히틀러에게 기갑부대의 공격을 승인해 달라고 요청했
으나 거절당했다. 히틀러는 육군 총사령관 전체에 자신은 명령을 번복할 생각이 없으며,
다시는 이의를 제기하지 말라고 경고했다.

히틀러의 진격 중지 명령은 영국 원정군 고트 장군에게 한 줄기 빛과 같은 것이었다. 그는 막다른 상황에서 생각지도 않은 구사일생의 기회를 이용해 후방의 방어권 진지를 보강하는 한편 철수 준비를 더욱 서두르라고 명령하고, '다이나모 작전'을 수립했다.

다이나모 작전이 시작된 후 영국 해군부는 신속하게 각종 선박 860여 척을 모았는데, 템스 강에서 운행되는 모든 예인선, 쾌속정, 어선, 유람선을 등록시켜 놓고 명령을 기다리게 했다.

주민이 1만여 명뿐인 됭케르크는 영국과 세계 각지로 나아가는, 프랑스에서 세 번째로 큰 현대화된 항구로 7개의 대형 뱃도랑, 4개의 건식(乾式) 뱃도랑, 8km에 달하는 부두가 있으나 독일의 공습으로 대부분 폐허가 된 상태였다. 영·프 연합군의 철수를 돕기 위해 프랑스의 각종 선박이 이곳에 집결해 있었다.

5월 26일, 히틀러가 재공격 명령을 내리는 순간, 램지 영국 해군 중장이 이끄는 16명으로 구성된 참모조직은 다이나모 작전에 따라 철수를 시작했다.

저녁 무렵, 영국군이 모집한 각종 선박 8백여 척이 영국의 도버, 쉬어네스, 마게이트, 램스게이트, 포크스턴, 뉴헤이븐 등 6개 항구에서 출항해 일렁이는 파도와 독일 비행기의 폭격을 무릅쓰고 됭케르크로 향했다.

선대가 됭케르크 항구에 들어서자마자 해안가에 집결해 있던 영국 원정군이 선박으로 몰려들어 그날 저녁에만 1천3백여 명이 영국으로 철수했다.

이튿날, 독일군은 서남쪽과 남쪽에서 됭케르크에 대한 공격을 강화했다. 독일 폭격기가 무리 지어 항구와 해안가에 총 폭탄 1만 5천 개와 소이탄 3만 개를 투하해 1천여 명 주민이 폐허에 묻혔다. 연합군은 다리 어귀의 진지로 몰려 곤경에 처했다.

부두가 모두 독일 비행기의 폭격에 파손돼 선박을 물가에 댈 수 없었으므로 병사들은 허리까지 오는 바닷물로 들어가 작은 배에 올라탄 후 다시 큰 배를 바꾸어 타고 철수했다.

그러나 많은 배들이 독일 비행기에 격침되면서 적잖은 영·프 병사들은 큰 배에 오르기도
전에 폭격으로 죽고 말았다.

매우 곤란 · 내일 저녁 철수 매우 곤란 · 내일 저녁 철수 매우 곤란

됭케르크 항 및 항구 앞 바다에는 수많은 선박 잔해와 연합군의 시체가 널려 있었다. 철수
를 책임진 테넌트 영국 해군 상교는 연합군 총사령부에 "내일 저녁 철수 매우 곤란"이라는
긴급 무전을 보냈다.

영국 공군은 철수하는 연합군을 엄호하기 위해 동원할 수 있는 모든 전투기를 됭케르크 전투에 투입했다. 영국 비행기와 독일 슈투카 비행기가 치열한 공중전을 펼쳐 짙은 연기가 하늘을 뒤덮었다.

심지어 일부 연합군 선박은 이전의 경험에만 의지해 독일 비행기의 폭격을 피하며 파도가 일렁이는 바다를 건넜다. 이날 7천6백여 명이 철수했다.

5월 28일, 됭케르크 철수는 더욱 순조로웠다. 영국인들은 밧줄로 작은 배를 견인해 해협을 건너 됭케르크에 접근했고, 병사들은 이런 작은 배를 타고 깊은 바다에 정박해 있는 큰 배로 가 승선함으로써 철수 속도가 더욱 빨라졌다.

해안가에서 철수를 책임진 테넌트 해군 상교는 병사를 50인 1조로 나누었으며, 구호선이 오면 각 조의 군관 또는 선원 1명이 책임지고 해변으로 이끌고 나가 승선하게 해 철수가 질서 정연하게 진행됐다.

철수 과정에서 영·프 구축함은 병사들을 수송하는 한편 독일군의 어뢰정, 잠수정, 폭격기의 공격을 물리쳐야 했고, 어떤 경우에는 신속하게 해안에 접근해 점령된 칼레, 그라블린, 뉴포트 일대의 독일군 포대를 포격해야 했다.

독일군 포위망에 겹겹이 싸여 있던 영·프 연합군은 생사가 걸린 철수 과정에서 최대한 냉정을 유지했으며, 5월 28일, 연합군은 총 1만 7천 명을 철수시켰다. 5월 29일, 물결의 높이가 4~5m에 달했으나 병사들은 여전히 널빤지 등을 이용해 시간당 천 명 정도가 질서 정연하게 승선했다.

이날 오후, 독일 슈투카 비행기 부대가 또 폭격을 해왔다. 해안가에 있던 영국군 방공 고사포가 거세게 반격했으나 철수를 위해 대기하고 있던 많은 병사들이 폭격을 맞아 막대한 사상자가 발생했다. 됭케르크 항 및 항구 진입로는 폭격으로 아수라장이 됐다.

수천수만 개의 독일군 폭탄과 포탄이 동쪽 둑으로 집중돼 둑 안쪽이 완전히 격침된 배에 막혀 버려 철수는 오직 밤에만 조직적으로 이루어졌다.

며칠 동안 이어진 폭격으로 연합군 병사들도 폭탄을 피하는 요령을 터득하게 됐다. 해안의 부드러운 모래사장이 폭탄의 폭발력을 대부분 흡수한다는 것을 안 그들은 독일군이 폭탄을 투하하는 순간 모래사장에 엎드렸다. 그렇게 하면 몸 가까이에서 폭탄이 터지더라도 사상을 크게 줄일 수 있었다.

밤이 되면 자욱한 안개가 해상으로 피어올라 됭케르크 부근의 해역을 가득 채우기 때문에 독일군 폭격기는 목표물을 찾을 수 없었다. 됭케르크의 밤안개를 이용해 영국 구조선대는 긴박하게 해협을 오갔다.

영국 원정군 사령관 고트 장군은 처칠에게 독일군이 6월 1일 새벽에 연합군의 방어선을 돌파할 것으로 예상된다면서 방어선을 축소해 마지막 저항을 함으로써 8만 명 영국군을 포함한 20만 연합군을 철수시킬 것을 건의했다.

5월 30일, 처칠은 육해공 3군 대신과 참모장회의를 열고 철수 상황에 대해 논의했다. 처칠은 처음 3일 동안 6천 명 프랑스 병사를 포함한 12만 6천여 명을 철수시킨 데 대해 매우 흡족해했다.

그날 비행기를 타고 파리로 간 처칠은 레노 프랑스 총리가 가장 신임하는 페탱 원수가 현재의 상황에 대해 비관적이며, 프랑스 당국은 자국 부대가 사방에서 독일군에 무너지고 있다고 생각하는 것을 알았다. 처칠이 영국군 15만 명과 프랑스군 1만 5천 명이 됭케르크에서 영국으로 철수한 사실을 말하자 프랑스 수뇌는 정신을 차렸다.

5월 31일, 기상 상태가 악화돼 북풍이 불더니 거센 파도에 영국의 작은 배와 모터보트들이 바닷가로 밀려 좌초됐다. 고된 철수 작전으로 지친 부대원들이 트럭으로 어렵게 세운 부두도 파도에 무너져 사용할 수 없게 됐다.

그날 오후, 바람이 잦아들자 선대는 다시 바빠졌다. 그들은 예인선으로 얕은 바다에 좌초된 모터보트를 바다로 끌어내는 한편 항로를 벗어난 선박을 끌어와 제 항로대로 운항할 수 있도록 했다.

6월 1일 이른 새벽, 독일 공군이 전면 출격하고 보병도 포병과 전차의 지원을 받으며 공격을 개시했다. 포탄과 폭탄이 사방에서 빗발치자 해안가와 항구는 또다시 불바다가 됐다.

이날 하루에만 독일 공군, 어뢰, 쾌속어뢰정의 공격과 선박 간 상호 충돌로 침몰된 연합군 선박은 무려 31척, 파괴된 선박이 11척이나 돼 지난 1주일 동안의 피해 규모와 거의 같았다.

6월 2일 밤, 다이나모 작전을 책임진 램지 장군은 사용할 수 있는 모든 선박을 또다시 됭케르크로 이동시켰다. 어둠이 내릴 무렵, 마지막 영국 원정군이 승선했다. 그날 밤 연합군은 또 12만 6천여 명을 철수시켰다.

깊은 밤, 말콤에서 온 영국 함대 수병들은 됭케르크에 상륙해 불바다가 된 시내를 가로지르며 피리를 불어 폐허 속에서 헤매는 낙오된 연합군 병사들을 찾아 승선시켰다.

이튿날 새벽, 영국 알렉산더 장군은 테넌트 상교와 함께 해안가를 한번 둘러보고 영국 원정군이 전부 철수한 데 대해 희열을 느끼며 독일군의 기관총 세례 속에 구축함을 타고 귀항길에 올랐다.

6월 4일, 독일군은 폐허가 된 됭케르크를 점령했고, 후방에서 저항하던 프랑스군 병사 4만 명이 포로가 됐다. 오후 2시 23분, 됭케르크 철수 계획인 '다이나모 작전'이 마무리됐다.

됭케르크 철수 기간 동안 영국군의 선박 240척이 격침되고 비행기 180대가 격추됐다. 10 개 사단이 버려둔 무기, 장비 및 차량은 모두 독일군이 전리품으로 가져갔다.

5월 26일부터 6월 3일까지 총 9일간 연합군은 됭케르크에서 영국군 22만 명, 프랑스군 8 만여 명 그리고 일부 벨기에 군대를 포함한 연합군 총 33만 8천 명을 철수시켰다. 이번 철 수는 세계전쟁사에 길이 남을 기적과도 같은 일이었다.

됭케르크 철수의 대성공으로 인해 영국군은 대규모 병력을 보존할 수 있었으므로 그 군사 적 의의가 매우 크다. 이후 독일 A · B 집단군은 솜므 강과 엔 강 일대를 따라 파리 함락을 주요 목표로 한 프랑스 침공 제2단계 공세를 펼쳤다.

1939년 9월, 독일이 폴란드를 침공해 점령한 지 얼마 지나지 않아 히틀러는
적극적으로 서유럽에서 전쟁을 도발해 북쪽의 위협 요소를 제거하려 했다.
1940년 4월, 서유럽 침공에 유리한 조건을 마련하기 위해 먼저 북유럽 전쟁
을 일으키고, 5월, 북유럽 전쟁이 미처 끝나기도 전에 서둘러 서유럽을 침공
하였는데, 그 첫 번째가 바로 프랑스 파리였다. 이는 히틀러의 유럽을 비롯한
세계 패권을 차지하려는 야심을 매우 분명하게 나타낸 것으로, 이번 전쟁은
제2차 세계대전에서 매우 중요한 단계이다.

글·우지더(吳繼德)
그림·레이쓰쭈(雷似祖)

그림으로 읽는 제2차 세계대전 ⑥
전쟁의 세계화 2

파리 함락

3

1939년 9월 27일, 폴란드 바르샤바가 함락되기 전날 밤에 히틀러는 서유럽 침공 준비를 했는데, 영국을 위협해 항복시키고 프랑스를 공격해 무찌르는 것이 그의 가장 큰 목표였다. 히틀러는 각 군 총사령관과 참모장 연석회의에서 "영·프 연합군이 아직 준비되지 않았으므로 재빨리 서부전선을 공격해야 한다"라고 큰소리쳤다.

이튿날 바르샤바가 함락됐다. 폴란드의 원료와 산업 자원을 얻게 됨으로써 히틀러는 영국과 프랑스 침공 결심을 더욱 굳혔다. 그리하여 폴란드에 있던 2개 집단군의 6개 야전집단군을 급히 동부전선에서 서부전선으로 이동시켜 프랑스와 벨기에 인근에 주둔하게 했다.

10월 초, 히틀러는 최고사령부에서 할더 독일 육군 총사령관과 구데리안 장군이 작성한 서유럽 침공 제6호 작전 지령 '황색 작전'을 승인했다.

계획에 따르면 독일 주력군을 우익에 두고 먼저 벨기에, 프랑스 북부를 가로질러 영국 해협으로 나아가 영국, 프랑스의 육상 통로를 차단한 후 프랑스를 점령하고 영국을 항복시키는 것이다. 반면 좌익, 즉 독일과 프랑스가 인접한 지점에서는 견제 공격만 하여 많은 병력을 배치한 프랑스 마지노 방어선에 빠져드는 것을 피하려 했다.

황색 작전에 의하면 11월에는 서부전선에서 공격을 개시해야 하므로 11월까지 서부전선으로 이동한 독일군은 136개 사단에 달했다.

바로 이즈음에 소련과 핀란드 간에 국경선 문제로 전쟁이 일어났고, 영·프가 반소련 '십자군'을 조직해 노르웨이, 스웨덴을 거쳐 핀란드를 지원하겠다고 선언했다. 히틀러는 영·프 원정군이 북유럽에 눌러앉게 되어 자신의 앞으로 계획에 차질이 생길 것을 우려해 먼저 북유럽을 점령한 후 다시 서유럽을 공격하기로 했다.

같은 달, 프랑스 가믈랭 장군을 비롯한 연합군 최고군사위원회는 파리에서 회의를 열고 비밀리에 독일군의 기습에 대처하기 위한 'D 계획'을 수립했다.

D 계획에 의하면 만약 독일군이 중립국 벨기에를 경유해 공격하는 경우, 프랑스 제1·9 집단군 및 영국 원정군은 다일 강과 뮤즈 강 연안에서 주요한 방어선을 구축하고, 프랑스 제7집단군을 영국 해협 연안에 보내 앤트워프 이북에서 네덜란드를 지원하기로 했다.

1940년 1월, 독일의 서유럽 침공 계획이 벨기에 수중에 들어가게 됐고, 독일 최고사령부는 영·프도 곧 알게 될 것이라고 예상하고 황색 작전을 수정하기로 했다.

2월 17일, 만슈타인 독일 A 집단군 참모장은 히틀러에게 황색 작전의 수정을 건의했다. 즉, 독일군 주요 병력을 서부전선 중앙에 배치하고, 강력한 기갑부대로 벨기에 아르덴 산악 지대를 돌파해 프랑스 북방을 휩쓸면서 영국 해협으로 나아간다는 것이다.

히틀러는 만슈타인의 건의를 받아들여, 2월 24일, 최고사령부에서 수정된 새로운 작전 방안을 발표한 후 모든 장성들에게 3월 7일 이전에 새로운 작전에 따라 자신의 부대를 배치하라고 명령했다.

그러나 히틀러는 여전히 영·프가 북유럽을 차지할까봐 걱정했는데, 만약 북유럽을 먼저 점령하지 못하면 독일이 서유럽을 공격하는 데 아주 불리할 것으로 여겼다. 그리하여 4월 9일 이른 새벽, 전략적 우위에 서기 위해 독일은 우선 덴마크와 노르웨이를 침공했다.

평상시에 전혀 전쟁 준비를 하지 않은 덴마크는 아무런 저항도 하지 못했다. 그날 오후, 덴마크 국왕이 항복을 선포함으로써 독일군은 순조롭게 덴마크를 점령했다.

같은 날, 독일군은 노르웨이를 침공했다. 노르웨이는 영국의 군사 원조를 받으며 저항했지만 연이어 패퇴했다. 4월 말에서 5월 초 사이 노르웨이 함락은 기정사실화됐다.

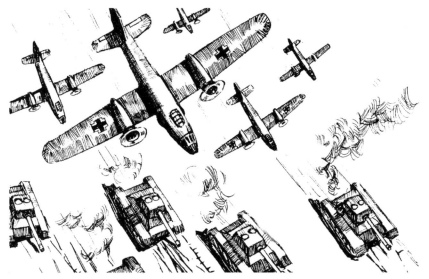

노르웨이 전역이 거의 마무리되자 히틀러는 총부리를 서부전선으로 돌렸다. 5월 초, 독일은 서부전선에 136개 사단 병력에 전차 2,580대, 비행기 3,824대를 배치하고, A · B · C 세집단군으로 나누어 영 · 프 공격을 준비했다.

영국 · 프랑스 · 벨기에 · 네덜란드도 135개 사단을 배치해 독일군과 대치했는데 병력 규모 면에서는 엇비슷했다.

5월 9일, 노르웨이 전역이 끝나갈 무렵 히틀러는 최종 결정을 내렸다. 5월 10일, A · B · C 세 집단군은 서부전선에서 전면전을 개시하며, 공격 주력은 룬트슈테트 상장이 지휘하는 45개 사단을 휘하에 둔 A 집단군으로 했다.

제4 · 12 · 16 집단군을 비롯한 45개 사단으로 구성된 A 집단군은 전차사단 7개, 기계화사단 3개를 포함하고 있으며 제3항공대대가 지원을 맡았다. 이들의 임무는 룩셈부르크와 벨기에 남부의 아르덴 지역을 가로질러 뫼즈 강의 프랑스 방어선을 돌파하고, 곧장 영국 해협으로 나아가 프랑스 북부와 벨기에 간 영 · 프 군대의 연락을 차단하는 것이었다.

보크 상장이 이끄는 B 집단군은 총 28개 사단으로 전차사단 3개와 기계화사단 1개가 포함 돼 있으며 제2항공대대가 지원을 맡았다. 이들의 임무는 북쪽 해안선과 아헨 사이에서 공세를 펼쳐 네덜란드와 벨기에 북부를 점령해 네덜란드군과 연합군의 합류를 막고, 벨기에군이 구축한 알베르 운하 방어선을 돌파해 우익으로써 프랑스로 진격하는 것이다.

레프 장군이 이끄는 C 집단군은 총 17개 사단으로 제1 · 7 집단군이 포함돼 있었다. 이들의 임무는 프랑스 · 독일 국경선 진지를 탈취해 보조 공격을 하고, 프랑스 · 룩셈부르크 국경선과 바젤 사이를 방어하며, 또한 적극적인 견제 공격으로 프랑스군 지휘부를 교란시켜 마지노 방어선과 라인 강 일대의 프랑스군을 견제하는 것이었다.

5월 10일 이른 새벽 4시 30분, 독일 최고사령부는 각 부대에 히틀러의 통지문을 읽어주었다. "오늘 시작되는 이 전쟁은 독일 민족의 앞으로 천 년의 운명을 결정지을 것이다." 서유럽을 향한 대규모 전면 공격이 시작됐다.

독일의 공격은 네덜란드·벨기에·프랑스의 비행장, 지휘소, 군영, 군용 창고, 가장 중요한 산업 중심지를 공습하는 것으로 시작됐다. 공군 원수 케셀링과 슈페어의 지휘 아래 제2·3 항공대대의 폭격기 1,480대가 전투기의 엄호를 받으며 전부 출격했다.

날이 밝기 전에 독일 공군은 네덜란드, 벨기에, 프랑스 북부의 비행장 72곳을 폭격해 연합국의 비행기 수백 대를 파괴했다. 또한 독일 공수부대인 팔쉬름예거와 육군 소속 공수부대도 네덜란드, 벨기에의 후방에 착륙해 비행장, 주요 시설, 교량 등을 점거했다.

5시 30분, 날이 희뿌옇게 밝아오자 히틀러는 카이텔, 요들 등 장군들과 함께 독수리 요새에서 회의를 열고 명령을 내렸다.

5분 뒤, 독일 육군은 일제히 네덜란드, 벨기에, 룩셈부르크를 향해 진격했고, 북해에서 마지노 방어선 사이 280km 되는 전선에서 기습전이 펼쳐졌다. 룬트슈테트가 지휘하는 A 집단군의 두 기갑사단은 네덜란드와 벨기에 동부를 공격해 신속하게 양국 심장부로 쳐들어갔다.

독일의 공격과 동시에 네덜란드, 벨기에 정부의 원조 요청을 받은 연합군 사령관 가믈랭 장군은 즉시 프랑스 제9집단군과 영국 원정군은 벨기에로, 프랑스 제7집단군은 네덜란드로 이동해 양국을 지원하라고 명령했다.

네덜란드는 저지대 국가로 전 국토의 4분의 1이 해수면보다 낮다. 서쪽에는 많은 방파제가 구축돼 있고 동쪽에는 복잡한 수로를 이용한 방어선이 있어 유명한 '네덜란드 요새'를 이루고 있다. 네덜란드 정부는 이러한 자연 장벽이 있으므로 독일군의 공세를 막아낼 수 있을 것이라고 여겼다.

독일 공수부대는 네덜란드의 무어데이크, 로테르담, 도르드레흐트에 착륙해 기습전을 펼쳐 신속하게 뫼즈 강과 다일 강의 교량을 점거했다. 동시에 헤이그에 착륙한 공수부대도 우선 교외 비행장 3곳을 장악한 후 이어서 헤이그를 점령하려 했다.

독일군은 네덜란드 총사령관 빈켈만 장군이 지휘하는 네덜란드군단의 완강한 저항에 부
딪혔다. 그날 저녁 네덜란드 보병은 포병과 협동해 비행장 3곳을 장악하고 있던 독일군 공
수부대를 쫓아내고 잠시 동안이지만 수도와 정부를 지켜냈다.

그러나 독일 공수부대는 네덜란드의 방어 체계를 흔들어 놓았고, 독일군 퀴흘러 장군이 이
끄는 제18집단군이 곧바로 네덜란드 변방총대의 저항을 무력화시켰으며, 그날로 펠 람 방
어선의 방어진지를 돌파했다. 네덜란드군은 황급히 네덜란드 요새로 철수했다.

회프너 장군이 지휘하는 독일 제6집단군은 제18집단군이 남쪽으로 벨기에를 공격하는 동안 알베르 운하에서 벨기에의 마지노 방어선인 에벤 에마엘 요새를 함락하고, 다일 강 지역의 주요 방어 지대까지 진격했다.

그날 아침, 독일군은 활공기를 이용해 조심스럽게 요새에 착륙했다. 퍼트니 독일 육군 소위가 이끄는 팔쉬름예거 85명으로 조직된 군대는 방어진지 각 입구에 많은 수류탄을 투하해 잠망경을 파괴하고 요새의 장갑엄폐호를 격파했다.

독일 공수부대와 벨기에 수비군이 치열한 격전을 벌이는 동안 독일 제6집단군 소속 제16 기갑군단이 도착해 곧바로 에벤 에마엘 요새를 함락했다.

알베르 운하 방어선이 무너졌다는 소식이 전해지자 프랑스군 각급 사령부는 혼란에 빠졌다. 블랑샤르 프랑스 제1집단군 사령관은 가믈랭에게 다일 강으로의 진군을 멈추고 스켈트 강을 따라 방어 전략을 짜야 한다고 건의했으나, 가믈랭은 오히려 다일 강으로의 진군을 서두르라고 명령했다.

아르덴 산간 지역에서는, 룬트슈테트가 지휘하는 독일 A 집단군이 아헨 남쪽의 뢰트겐과 독일 · 룩셈부르크 · 프랑스 3국 접경 지대 사이에서 7개 전차사단과 3개 기계화사단을 선두부대로 한 45개 사단 병력을 세 갈래로 나누어 뫼즈 강으로 쳐들어갔다.

그날, A 집단군은 독일 · 벨기에 국경선에서 손쉽게 벨기에 변방총대를 격파했으며, 인구가 30만 명뿐인 룩셈부르크는 싸우지도 않고 항복했다. 독일군은 신속하게 적진 깊숙이 진격해 100km를 나아갔다.

뫼즈 강 일대에 배치된 프랑스 제9집단군과 제2집단군은 빌로테 장군의 지휘 아래 천연
요새를 이용해 독일군을 뫼즈 강 동쪽에서 넘어오지 못하도록 저지하려 했다. 그러나 제
9 · 2 집단군 주력부대를 지원하기로 한 프랑스 기병사단이 아르덴 산간 지역에서 독일의
기갑사단에 격파됐다.

독일의 네덜란드, 벨기에, 룩셈부르크 침공에 영 · 프 연합군은 소극적으로 대응했다. 이
소식이 런던에 전해지자, 영국 여론이 들끓어 오르면서 계속 유화 정책을 펼치던 체임벌린
정부가 무너지고, 강경 노선을 주장해 온 처칠 해군 대신이 정권을 잡았다.

프랑스 파리의 달라디에 총리 역시 정부와 대중의 질타 속에서 그날로 실각하고 레노가
새 정부를 구성했다.

5월 11일 오후, 제라드 장군이 이끄는 프랑스 제7집단군은 벨기에 국경을 통해 네덜란드
로 들어가 네덜란드군을 지원했다. 이튿날 독일 제6집단군 기갑부대가 무어데이크를 가
로질러 이곳을 수비하고 있던 네덜란드군단을 격파하고, 프랑스 제7집단군 우익을 위협
했다.

프랑스 제7집단군은 공군의 지원이 없는 상태에서 장갑차, 대전차포, 고사포 등도 부족해 독일 기갑부대와의 짧은 전투 끝에 결국 벨기에로 철수했다.

이와 함께 퀴흘러 장군이 지휘하는 독일 제18집단군의 1개 기갑사단이 네덜란드의 그레베 - 펠 방어선을 돌파하고 로테르담 교량의 남쪽에 이르렀다. 클라이스트가 지휘하는 제9 기갑사단도 로테르담 맞은편 뫼즈 강 남쪽 기슭에 도착했다.

빈켈만이 이끄는 네덜란드군단이 교량의 북쪽을 봉쇄해 퀴흘러의 기갑부대는 그 자리에서 적당한 시기를 기다리는 수밖에 없었다.

벨기에 북부와 중부에 있던 벨기에군은 독일 제6집단군의 거센 공격으로 앤트워프, 루벤 일대로 철수했다.

독일 A 집단군은 아르덴 산맥 110km 되는 지대를 통과한 후 프랑스 국경선을 넘어 동 트기 전까지 뫼즈 강에 도달해 주력부대를 나무르 – 스당 구간에 집결시켜 연합군 방어 체계를 위협했다.

연합군 동북방면군 사령관 조지 장군은 현 상황을 너무 낙관적으로 판단했다. 5월 12일 저녁, 그는 가믈랭 연합군 총사령관에게 "적군이 뫼즈 강에 도달한다 해도 방어선에는 직접적인 위협이 되지 않습니다. 뫼즈 강 전선은 매우 견고합니다"라고 보고했다.

전선의 상황이 심상치 않음을 간파한 처칠은 13일 영국 하원에서 감동적인 연설로 의원들의 마음을 움직였다. "가혹한 현실 앞에서 우리에게 다른 선택은 없습니다. 우리는 열정과 노력과 눈물과 땀으로 승리를 쟁취해야 합니다. 어떤 대가를 치르더라도 승리를 쟁취해야 합니다."

5월 13일, 네덜란드는 몹시 어려운 형세에 처해 있었다. 클라이스트와 쿼흘러가 이끄는 기갑사단이 이미 로테르담 교외 뫼즈 강 교량의 남쪽에서 합류했다. 로테르담을 하루빨리 함락하려 했던 히틀러는 공군에 로테르담의 무차별 폭격을 명령했다.

동시에 독일 제35군단의 참모군관이 로테르담 다리를 건너가 항복을 요구했으며, 만약 항복하지 않을 경우 융단 폭격을 가할 것임을 경고했다. 네덜란드 수비군 사령관이 이 사실을 총사령부에 보고했을 때 독일 공군 폭격기는 이미 로테르담 상공에 와 있었다.

같은 날, 독일 기갑부대는 로테르담으로 쳐들어가 팔쉬름예거와 합류했다. 네덜란드군은 모든 전선에서 철수하기 시작했고, 빌헬미나 네덜란드 여왕 및 대신들은 구축함 2척에 나누어 타고 영국으로 망명했다. 떠나기 전 여왕은 네덜란드군 총사령관 빈켈만 장군을 만나 권리를 위임하며 적당한 시기에 항복을 선포하라고 했다.

이날 벨기에 앤트워프 – 루벤 일대에서 회프너가 지휘하는 독일 전차 제16군단과 프랑스 프리우 장군이 지휘하는 선두 기갑부대가 만나 격전을 벌였는데, 이는 이번 대전에서 처음 치른 대규모 전차전으로 프랑스군은 105대, 독일군은 164대의 전차가 파괴됐다.

이와 함께 구데리안, 호트, 클라이스트 장군이 지휘하는 A 집단군 7개 전차사단 선두부대는 공군의 엄호를 받으며 뫼즈 강 도하를 강행해 뫼즈 강 서쪽 기슭의 상륙 지점 3곳을 점령한 후 디낭, 스당 부근까지 진격했다.

앙치제르 장군이 지휘하는 프랑스 제2집단군과 클랍이 지휘하는 제9집단군이 스당 지역
에서 만나 독일군의 선두부대를 상륙 지점에서 격퇴시키려 했으나 실패했다.

날이 어두워지자 독일군은 뫼즈 강에 부교를 설치하기 시작했고, 깊은 밤에 호트 휘하 기
갑부대는 디낭 부근에서, 클라이스트의 기갑부대는 스당 지역에서 도하했다. 프랑스군도
저항 병력을 더욱 강화했다.

5월 14일, 양군은 스당 교외에서 전투를 벌였다. 프랑스 보병사단과 영국의 폭격기는 독일군이 뫼즈 강에 설치한 부교를 계속 폭격하는 동시에 스당 교외의 다리 몇 곳을 폭파해 독일 병력이 진격해 오는 것을 막으려 했다.

그러나 구데리안이 지휘하는 독일 전차군단은 신속하게 프랑스 앙치제르 장군 소속 제2집단군 2개 보병사단을 격파한 후 클랍의 제9집단군 우익을 기습해 프랑스군의 후방까지 치고 들어갔다. 프랑스 예비군대 4개 보병사단 역시 독일군의 공세에 뿔뿔이 흩어졌다.

프랑스의 2개 전차사단이 독일 기갑부대의 전진을 막으려 했다. 양측은 스당 교외에서 접전을 벌였는데 결과적으로 프랑스군이 막대한 피해를 입었다. 전차 70대가 파괴됐음에도 불구하고 프랑스군은 여전히 독일 기갑부대의 전진을 막지 못했다.

공중전에서 영·프는 비행기 170대를 출동시켜 뫼즈 강에 있는 독일군 나루터를 폭격했다. 그러나 이들은 독일 공군과 고사포의 공격을 받아 85대가 격추됐고, 독일군 나루터를 제거하려던 소기의 목적도 달성하지 못했다.

저녁 무렵, 독일군은 스당의 상륙 거점을 너비 약 48km, 길이 약 24km 정도로 넓혔다. 프랑스 클랍, 앙치제르 2개 집단군이 만나는 지점에 커다란 틈이 생겼고, 독일군은 이를 이용해 프랑스군을 분할 포위했다.

5월 14일, 독일군은 네덜란드의 로테르담을 점령했다. 15일 오전, 빈켈만 네덜란드 무장부 총사령관은 네덜란드의 항복을 선포하는 동시에 항복서에 서명했다. 독일 침공 5일 만에 네덜란드가 함락됐다.

5월 15일, 스당의 프랑스군은 네덜란드군이 항복했다는 소식을 듣고 황급히 철수했다. 독일군은 곧바로 스당을 점령하고, 승세를 이어 생캉탱, 아헨 일대를 따라 영국 해협으로 진격해 영·프 연합군의 후방을 치고 들어갔다.

당황한 프랑스 정부는 투르로 피신하려 했고 외교부는 문서들을 태우기 시작했다. 레노 총리는 처칠에게 도움을 요청하는 전보를 보냈다. "파리로 통하는 도로가 적군에 의해 뚫렸다. 우리는 패배했다. 이번 전쟁에서 우리는 졌다."

16일 오후, 처칠은 스당의 상황을 상세히 파악하기 위해 일부 장성들과 함께 파리로 날아
갔다. 처칠이 차로 레노 프랑스 총리와 연합군 총사령관을 겸임한 가믈랭 장군을 만나러
가는 동안 독일의 선두부대는 이미 스당을 지나 서쪽으로 약 100km 되는 곳에 이르렀다.

같은 날, 가믈랭은 연합군 최고군사회의에서 상황을 보고하는 동시에 예비군도 없음을 인
정했다. 처칠은 연합군이 벨기에에서 과감하게 행동할 것을 요구했지만, 유럽 대륙에 영국
공군을 추가로 파견하는 것은 거절했다. 회의 결과 전세를 역전시킬 수 있는 아무런 결정
도 내리지 못했다.

그 시각, 독일군 호트 원수가 지휘하는 B 집단군은 벨기에 스켈트 강으로 철수하는 벨기에, 프랑스, 영국 군대에 대한 공세를 강화했다. 5월 17일, 독일군은 벨기에의 수도 브뤼셀을 점령했다.

5월 18일, 룬트슈테트 독일 A 집단군 사령관의 지휘 아래 쐐기 모양 대오를 이룬 강력한 7개 기갑사단이 솜므 강 북쪽 기슭에서 서쪽으로 진격했다. 프랑스 클랍 장군이 이끄는 제9집단군은 서쪽으로 퇴각하다가 그날 저녁 전군이 전멸하고 클랍 장군은 포로가 됐다.

같은 날, 레노는 정부를 개편하고 스페인에서 불러들인 페탱 원수를 부총리로, 달라디에를
외교부장으로 임명하고 본인은 국방부장을 겸임했다.

19일, 레노는 가믈랭 장군을 해임하고 베이루트에서 불러들인 베이강 장군을 프랑스 육해
공 3군 총사령관으로 임명했다. 그러나 페탱과 베이강은 모두 독일과의 타협을 주장했으
므로 프랑스 정부 내부에는 패배주의가 더욱 확산됐다.

독일 최고사령부는 영국 해협의 병력을 늘려 전투력을 더욱 강화했다. 룬트슈테트의 A집단군은 71개 사단으로 증가했고, 소속 기갑부대를 2개 기갑군으로 편성해 호트 장군이 지휘하는 부대는 아라스를, 클라이스트 장군이 지휘하는 부대는 공군의 지원 아래 아브빌을 공격했다.

아라스는 생캉탱 서북쪽에 있고, 아브빌은 베르크 남쪽 솜므 강가에 위치했다. 5월 20일 밤, 클라이스트의 기갑군은 아미앵과 아브빌을 점령하고, 영국 해협 연안으로 진격했다. 벨기에에 있던 프랑스·벨기에·영국의 군대는 솜므 강 남쪽의 프랑스군과 연락할 길이 막혀 버렸다.

클라이스트의 기갑군은 아미앵과 아브빌을 점령한 후 북쪽과 동북쪽으로 꺾어 블로뉴, 칼레, 생토메르 방향으로 매섭게 밀고 나갔다. 호트의 기갑군도 아라스까지 진격해 왔다.

23일, 클라이스트 기갑군의 구데리안 기갑부대는 이미 됭케르크에서 약 **20km** 떨어진 아 (Aa) 운하 지구에 도착하면서 블로뉴과 칼레를 봉쇄하고 그라블린까지 진격했다. 한편 브뤼셀에서 공격하던 독일군은 계속 서쪽으로 영·프 연합군을 추격했다.

독일군은 영국 해협 남쪽 연안, 프랑스 북부 벨기에 국경과 가까운 좁다란 됭케르크 지역에서 영·프 연합군 총 40개 사단 30만여 명을 포위하게 됐다. 독일 기갑부대 선봉대는 이미 됭케르크를 볼 수 있었고, 아(Aa) 운하를 따라 그라블린과 생토메르 사이에 전투 대형을 갖추고 최후 결전을 준비했다.

됭케르크에 철수해 있던 연합군은 3면에서 공격받고 한쪽은 바다에 접해 전멸될 위기에 처했다. 유일한 살길은 됭케르크에서 해상으로 나가 영국으로 철수하는 것이었다.

연합군이 전멸될 위험에 처한 위기일발의 순간, 히틀러는 기갑부대의 병력을 유지하고 신속하게 남하해 프랑스를 점령하기 위해 24일 갑자기 진격 중지 명령을 내렸다. 연합군은 예상치 못한 절호의 기회를 이용해 성공적으로 철수할 수 있었다.

27일, 독일군은 벨기에의 대부분 전선에서 승리했다. 아연실색한 레오폴드 3세 벨기에 국왕은 급히 그날 오후 참모본부 부참모장 데루소 장군을 파견해 휴전을 요청했다. 독일은 벨기에에 무조건 항복을 요구했고, 이튿날 아침, 레오폴드 3세는 독일에 무조건 항복을 선포했다.

연합군의 됭케르크 철수 성공은 영국군이 병력을 보존해 다시 일어설 힘을 얻었다는 데 커다란 의의가 있다. 그날 처칠은 하원에서 다음과 같이 연설했다. "우리는 성공적으로 철수했습니다. 그러나 전쟁은 철수로 이기는 것이 아닙니다. 우리는 계속 싸울 것입니다."

영국의 굽히지 않는 전투 의지에 히틀러는 충격을 받았다. 그러나 히틀러는 자신이 프랑스를 점령하면 영국도 생각을 바꿀 것이라 믿었으므로, 됭케르크를 점령해 영·프의 육상 연결 통로를 차단한 후 남하해 파리를 함락하기로 했다.

6월 5일, 독일군 최고사령부는 10개 기갑사단을 포함한 143개 사단 병력을 집결해 각각
A·B 집단군 룬트슈테트와 호트 장군의 지휘 아래 해협 가장자리의 아브빌로부터 라인
강 상류를 가로지르는 프랑스 북부 전선 사이에서 총공격을 개시했다.

그들의 계획은 A·B 집단군이 강공으로 신속하게 프랑스 수도 파리를 점령하고 마지노 방
어선 후방까지 진격한 후, 다시 마지노 방어선 정면에 배치된 C 집단군과 함께 마지노 방
어선을 함락하고 그곳의 프랑스군을 전멸시킴으로써 재빨리 전쟁을 마무리하는 것이었다.

독일군의 의도를 간파한 프랑스 최고사령부는 급히 65개 사단 병력을 이동시켜 솜므 강과
엔 강 일대를 방어해 독일군의 남하를 막으려 했다. 이 방어선은 '베이강 방어선'이라 불
렸다.

그날 동틀 무렵, 독일 공군은 프랑스군의 베이강 방어선을 융단 폭격해 프랑스군의 저항
의지를 꺾으려 했고, 프랑스군은 고사포로 적기를 향해 맹렬하게 사격했다.

곧이어 독일 B 집단군 소속 2개 기갑부대와 A 집단군 호트가 지휘하는 제15기갑부대, 클라이스트가 지휘하는 제14기갑부대가 각각 아브빌과 아미앵에서 출발해 세느 강 어귀와 뫼즈 강 나루로 향했다. 그리고 A 집단군의 제2 · 12 · 16 집단군도 남하해 엔 강 동쪽에서 룩셈부르크 국경 지대 사이를 치고 들어갔다.

같은 날, 호트가 지휘하는 제15기갑부대는 루앙으로 진격하던 중 알트마이어 장군이 지휘하는 프랑스 제10집단군의 저항에 부딪혀 약 10km 정도 전진하는 데 그쳤다. 이튿날, 호트의 기갑부대는 프랑스 제10집단군의 방어선을 뚫고 계속 루앙으로 진격했다.

6월 8일, 독일 제9집단군은 수아송 부근에서 엔 강 도하를 강행했다. 이곳에서 방어하던 프랑스 제9집단군 좌익은 어쩔 수 없이 철수했다. 동시에 호트의 기갑부대는 프랑스 제10 집단군을 향해 돌격해 양쪽으로 갈라놓고 기세를 몰아 루앙 동남쪽의 엘뵈프 지역까지 진격했다.

클라이스트 장군의 제14기갑부대는 프레이레 장군이 지휘하는 프랑스 제7집단군의 저항에 부딪혀 아미앵과 페론 남쪽에서 저지당했다. 9일, 라이헤나우가 지휘하는 독일 제6집단군이 함께 공격해 밀리게 된 제7집단군은 파리 방향으로 철수했고, 독일군은 콩피에뉴까지 바싹 다가섰다.

같은 날, 룬트슈테트가 지휘하는 A 집단군은 수아송에서 아르덴 산맥 사이 150km 전선에서 정면 총공격을 개시했다. 구데리안의 기갑군을 선두부대로 하여 그날로 와즈 강과 엔강 사이 프랑스군 방어선을 돌파했으며, 계속 남쪽, 동남쪽으로 진격해 나가 프랑스 방어선은 완전히 붕괴됐다.

6월 10일, 구데리안의 기갑부대는 엔 강을 넘었다. 대규모 독일 병력은 두 갈래로 나누어 동남과 서남 두 방향에서 우회해 파리로 접근하는 동시에 마지노 방어선 후방에도 나타났다. 매우 당황한 프랑스 레노 정부는 급히 파리에서 피신해 나왔다.

6월 10일, 이탈리아는 프랑스와의 국경 문제를 해결한다는 구실을 내세워 로마에서 방송으로 프랑스에 선전 포고했다. 동시에 왕세자 움베르토 친왕이 지휘하는 집단군에 알프스 산맥을 넘어 프랑스에 침입해 몽블랑 산에서 지중해에 이르는 2백여km 전선에서 공격을 개시할 것을 명령했다.

움베르토 친왕이 이끄는 이탈리아 32개 사단은 프랑스 오를리 장군이 지휘하는 알프스집단군의 강한 저항에 부딪혔다. 3일 동안 전투를 벌였으나 이탈리아의 수십만 대군은 한 발짝도 전진하지 못했다.

그 시각, 프랑스 중부의 상황은 갈수록 악화됐다. 11일, 프랑스 정부는 투르로 옮겨가서 곧바로 내각회의를 열고 현 정세에 관해 논의했다. 회의 결과 투항파 페탱과 베이강의 주장대로 항복하기로 결정하고, 이튿날, 곧 파리가 '비무장 도시'가 됨을 선포했다.

프랑스 레노 정부의 항복 결정으로 파리의 대문은 활짝 열렸다. 6월 10일, 독일 퀴흘러 장군이 이끄는 제18집단군이 피 한 방울 흘리지 않고 파리로 입성해 에펠 탑에 나치 깃발(卐)을 높이 걸었다. 바로 이날, 레노 정부는 투르에서 보르도로 다시 피신해 갔다.

같은 날, 남하하던 룬트슈테트 집단군의 좌익이 마지노 방어선 측면 후방을 공격하고, 레프 장군의 C 집단군은 50km 너비의 정면 전선에서 마지노 방어선으로 돌격했다. 프랑스 프레틀라 장군이 지휘하는 제2집단군은 앞뒤 협공을 받게 돼 마지노 방어선은 곧 쉽게 무너졌다.

6월 16일, 보르도로 옮겨간 프랑스 정부는 레노 총리가 주재하는 내각회의를 열어 총사퇴를 선언했고, 페탱이 총리에, 라발이 부총리에 취임함으로써 새로운 내각을 구성했다. 17일, 페탱은 스페인 대사를 통해 독일에 휴전을 요청하고, 프랑스는 전쟁을 멈추어야 한다고 선포했다.

6월 17일, 독일 C 집단군은 독일·프랑스 국경의 라인 강까지 진격해 스트라스부르를 점령했다. 거의 50만에 달하는 프랑스군이 포위돼 일부 병력은 스위스로 도망쳤고 대부분은 전멸했다. 독일군은 신속하게 보르도로 접근했다.

이날, 히틀러는 추방된 독일 제2제국 황제 윌리엄 2세로부터 축하 전보를 받았다. "프랑스의 항복에 깊은 감동을 받았다. 하나님의 은총으로 위대한 승리를 거둔 당신과 전체 무장 부대에 축하를 보낸다."

윌리엄 2세와 히틀러가 함께 승리를 경축하고 있을 때 프랑스 애국자들은 독일 파시즘에 끝까지 저항하기로 다짐했다. 17일, 레노 정부에서 국방부 부부장 직을 맡았던 드골 장군은 영국 런던으로 날아가 독일 침략자들과의 전투를 이어갔다.

6월 17일 오후, 드골은 런던에서 '프랑스 인민에게 보내는 글'을 통해 프랑스 인민과 전 세계에 프랑스의 자유와 독립을 수호하기 위해 싸울 것임을 선포했다. 이렇게 '자유프랑스'가 영국의 지지 아래 탄생했고 이들은 적극적으로 반파시즘 투쟁을 벌였다.

6월 19일 오전 6시, 독일 정부는 페탱 정부에 프랑스의 휴전 요청을 받아들이며 양측이 회담하는 데 동의한다고 답했다. 프랑스 정부는 곧바로 스당 제2집단군 사령관 찰스 앙치제르 장군을 전권 대표로 한 회담 대표단을 구성했다.

히틀러는 프랑스와의 휴전협정 체결 장소를 일부러 1918년 11월 11일 제1차 세계대전 후 독일이 프랑스 및 협정국에 항복서를 썼던 콩피에뉴 숲으로 정했다. 21일, 프랑스 대표단이 콩피에뉴에 도착하자 히틀러는 리벤트로프, 괴링 등과 함께 그들을 접견하고 휴전협정을 진행했다.

22일 오후 3시, 히틀러 일행은 차로 콩피에뉴 숲에 이르러 공터에서 약 200m 정도 떨어진 알자스-로렌 기념비 앞에 내렸다. 히틀러는 기념비를 힐끗 쳐다보고는 다시 1918년 제1차 세계대전 종전 시 독일의 항복 표지인 비석 옆으로 걸어가 비문을 한참 들여다보았다.

그러고 나서 공터 옆에 세워둔 기차 객실에 들어섰다. 이 객실은 당시 협정국이 독일의 항 복서를 받아낼 때 사용했던 것이었다. 히틀러는 객실에 들어서더니 1918년 포슈 프랑스 원수가 앉았던 바로 그 의자에 앉았다. 5분 뒤 앙치제르 장군을 비롯한 프랑스 대표단이 객실에 들어섰다.

22일 오후 6시 50분, 앙치제르는 프랑스를 대표해 휴전협정서에 서명했다. 휴전협정서에는 다음과 같은 내용이 규정돼 있었다. "프랑스군의 무장을 해제한다.", "모든 무기와 장비는 반드시 독일군에 넘긴다.", "독일 점령군의 비용은 프랑스가 모두 부담한다."

6월 23일 저녁, 드골은 런던에서 다시 방송 연설을 통해 프랑스의 항복으로 발생된 사태이므로 페탱 정부는 프랑스와 프랑스 국민의 뜻을 대표할 수 없으며, 이에 따라 자신은 영국정부의 동의를 받아 런던에서 '프랑스민족위원회'를 설립해 '자유프랑스'의 명의로 프랑스를 대표할 것임을 밝혔다.

6월 24일, 프랑스 페탱 정부는 이탈리아와 휴전협정을 체결했다. 이탈리아는 자신들이 점령했던 프랑스 남부의 수백 미터 정도 되는 작은 지역을 차지하고, 프랑스·이탈리아 국경에 25km 길이의 비무장 지대를 설치했다. 이 밖에 이탈리아는 프랑스의 북아프리카에서의 일부 권리도 가져갔다.

6월 28일, 영국 정부는 최종적으로 "드골 장군을 연합국의 사업을 지지하는 모든 자유프랑스인의 지도자임을 정식으로 승인한다"라고 선포했다. 이때부터 영국은 드골이 대표자로 있는 자유프랑스와 동맹 관계를 맺고 함께 공동의 적인 독일·이탈리아 파시즘과 싸웠다.

프랑스와 항복협정을 체결한 독일은 프랑스 동북부의 알자스와 로렌을 겸병하고, 프랑스 국토의 3분의 1 정도 되는 북부와 서부의 산업 발달 지대를 점령했다. 7월 1일, 페탱을 총리로 하는 프랑스 정부는 수도를 비시로 옮겨 프랑스 남부지역을 관할하고 독일을 추종하는 괴뢰 정부가 됐는데, 역사적으로 '비시정부'라 부른다.

이 기간 동안 벨기에, 룩셈부르크, 네덜란드, 폴란드, 체코슬로바키아, 노르웨이 등 국가의 정부가 런던으로 망명해 영국과 기타 연합국의 지지 아래 반파시즘 운동을 지속적으로 이어갔다. 이와 함께 프랑스와 서유럽 각국 국민들도 반파시즘 투쟁을 활발하게 전개했다.

1943년, 제2차 세계대전은 전환기에 들어섰다. 7월에 영·미 연합군은 치밀한 계획을 세워 이탈리아의 시칠리아 섬 동서 양쪽으로 상륙해 신속하게 섬을 점령하기로 했다. 시칠리아 상륙 작전의 성공은 연합국의 지중해 병참선의 안전을 확보했을 뿐만 아니라 이탈리아 파시즘에 결정적인 타격을 주어 추축국의 해체를 촉진했다.

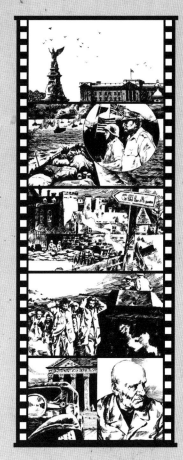

글·우지더(吳繼德)

그림·위안정양(袁正陽)·린쯔치(林資奇)·쉬자오첸(徐兆前)

그림으로 읽는 제2차 세계대전 ❻

전쟁의 세계화 2

연합군의 시칠리아 상륙

4

제2차 세계대전 기간 동안, 1942년 8월에는 소련군이 스탈린그라드 전투를 벌인 데 이어 같은 해 11월에는 영 · 미 연합군이 북아프리카에 상륙해 추축군과의 전투에서 압도적인 승리를 거두었다. 이때부터 유럽과 북아프리카의 정세는 급격히 변화하기 시작했다.

이처럼 유리한 국면에서, 처칠 영국 수상과 루스벨트 미국 대통령은 더 나아가 독일 파시즘을 물리치기 위한 전략 방침을 논의하기 위해 스탈린과 만나기를 희망했다. 그들은 스탈린에게 아프리카의 안전 지역에서 비밀 회합을 갖자고 제의했다.

12월 6일, 스탈린은 루스벨트와 처칠에게 3국 정상회담을 열어 공동의 군사전략 방침을 확정짓는 데 동의하지만 스탈린그라드 전역이 더없이 치열한 상황이라 잠시도 소련을 떠날 수 없다고 답했다.

루스벨트와 처칠은 앞으로의 작전 방침을 확정하고 연합국의 정치적 영향력을 극대화하기 위해 영·미 양국 정상이 모로코의 카사블랑카에서 회담을 개최하기로 했다. 1943년 1월 12·14일, 처칠과 루스벨트는 참모 인원과 함께 각각 카사블랑카에 도착했다.

1월 14~23일, 영·미 양국 정상과 3군 참모장들은 전략회의를 갖고, 유럽 추축국은 여전히 연합국의 가장 위험한 적이며 우선적으로 넘어뜨려야 할 대상이라는 데 동의했다. 그리고 북아프리카 전역이 종결되는 대로 1943년 안에 유럽 전장에서 적절한 행동을 취하기로 했다.

영·미 양국 지도자가 원칙적인 합의에 이른 후, 다시 킹 미국 해군 상장, 마셜 육군 상장, 아놀드 공군 상장 그리고 파운드 영국 해군 원수, 앨런 브룩 육군 상장, 찰스 포탈 공군 상장 등 양국의 3군 참모장이 연석회의를 열고 구체적인 문제를 논의했다.

연석회의에서는 북아프리카 전역이 대략 1943년 5월경 끝날 것으로 예상하고, 이에 따라 1943년 7월에 이탈리아 시칠리아 섬을 공격하기로 했다.

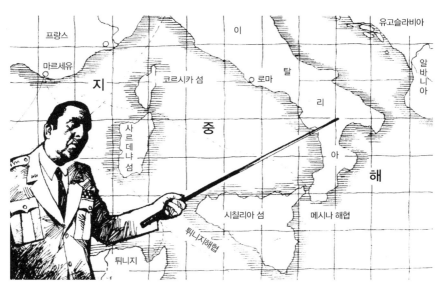

시칠리아 섬은 동쪽으로 메시나 해협을 사이에 두고 이탈리아 본토와 마주 보고 있으며, 서쪽으로 약 170km 정도 떨어진 튀니지와 잇닿아 있어 지중해 중부의 길목이다. 시칠리아 섬을 점령하면 연합국의 지중해 병참선의 안전을 보장할 수 있을 뿐만 아니라 이탈리아에 결정적인 압력을 줄 수 있었다.

영·미 3군 참모장 연석회의에서 합의가 이루어진 후 영국 참모인원들이 시칠리아 섬 점령을 위한 '허스키 작전'을 수립했다.

1월 23일, 영·미 양국 지도자는 허스키 작전의 최고사령관과 부사령관에 미국의 아이젠하워 육군 상장과 영국의 알렉산더 해군 상장을 임명했다.

아이젠하워 장군과 알렉산더 장군은 허스키 작전 지도 기관과 인원을 구성하고, 커닝엄 영국 해군 상장을 해군 사령관으로, 영국의 테더 공군 상장을 공군 사령관으로 임명했다.

커닝엄의 지도 아래 서부, 동부 두 지중해 기동함대를 구성하고, 서부 기동함대 지휘관에는 허스트 미국 해군 중장을, 동부 기동함대 지휘관에는 램지 영국 해군 중장을 임명했다.

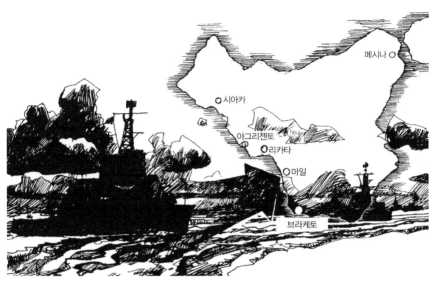

서부 기동함대에는 선박과 상륙함정 580척 그리고 선박으로 수송하는 상륙정 1천1백여
척이 있으며, 주요 임무는 미국 패튼 중장이 지휘하는 제7집단군을 시칠리아 남부 해안의
아그리젠토와 브라케토 사이 해안가에 상륙시키는 것이었다.

동부 기동함대에는 함선 795척, 선박으로 수송하는 상륙정 7백여 척이 있으며, 주요 임무
는 영국 몽고메리 중장의 제8집단군을 시칠리아 섬 동쪽 해안의 파치노와 수라구사 사이
해안가에 상륙시키는 것이었다.

연합군 서북아프리카 공군 사령관 미국의 스파츠 중장은 미군 둘리틀 소장이 지휘하는 서
북아프리카 전략공군과 커닝엄 영국 공군 소장이 지휘하는 서북아프리카 전술공군을 조
직해 함께 시칠리아 상륙 작전에 참여케 했다.

영ㆍ미 연합군 사령부는 시칠리아 상륙 일자를 보병과 공수부대가 상륙하는 데 모두 유리
한 7월 10일 한밤중으로 정했다.

상륙하기 전에 연합군 공군은 이탈리아의 해상 역량을 약화시키기 위해 이탈리아 함선을 계속 공격했다. 4월 10일, 영·미 연합 공군은 B-17형 비행기 24대를 파견해 사르데냐 섬의 마달레나 만에 정박해 있던 이탈리아 트리에스테호 순양함을 격침시켰다.

같은 날, 연합군 공군은 B-17형 비행기 36대를 파견해 마달레나 만에 정박해 있던 또 다른 이탈리아 순양함을 폭격했다. 폭격을 맞은 순양함은 배 일부가 손상돼 라스페치아로 도망갔다.

5월 13일, 북아프리카 전역은 영·미 연합군의 승리로 끝났다. 그날, 되니츠 독일 해군 사령관은 로마로 날아가 이탈리아 해군 제독과 만나 대책을 논의했다.

독일·이탈리아 양국의 해군 장성들은 영·미의 육해공 부대가 북아프리카 지역에 집중된 상황을 파악했다. 이들은 연합군이 지중해에서 대규모 전투를 전개할 것으로 예상하고, 전투가 어디에서 벌어지든 해군의 가장 중요한 임무는 해상수송선의 안전을 책임지는 것이라고 의견을 모았다.

연합군 장성들은 독일·이탈리아 추축군의 생각을 눈치채고, 6월 6일 비행기 1백 대를 파견해 이탈리아의 주요 해군기지인 라스페치아에 고공수평 폭격을 가함으로써 이탈리아 전함 3척에 손상을 입혔다.

연합군이 시칠리아에 상륙할 때 공군 전투기가 적군 목표를 향해 빠르게 출격할 수 있어야 하므로, 6월 8일 아이젠하워는 미국 공군 항공공병부대에 몰타 섬 인근의 고조 섬에 스핏파이어 전투기가 이착륙할 수 있는 비행장을 새로 건설하라고 명령했다.

6월 11일, 아이젠하워 미군 사령관은 패튼 장군 소속부대에 시칠리아의 길목이자 지중해 중부에 위치한 판텔렐리아 섬을 점령하라고 명령했다. 미 공군이 우선 섬 안의 적군이 밀집된 지역에 폭격을 가했고 함정도 함께 포격했다.

6일 밤낮의 치열한 전투를 치른 끝에 미군은 판텔렐리아 섬을 점령했고, 섬에 있던 이탈리아 수비군 1만 1천 명은 전부 항복했다.

6월 24일, 연합군 비행기는 다시 시칠리아 섬의 중요한 군항인 라스페치아에 폭격을 가해 해안선의 일부 시설을 파괴하는 동시에 이탈리아 전함 로마호를 명중시켰다.

연합군 공군의 여러 날 반복된 폭격으로 시칠리아 섬에 있던 조선소와 해안 시설이 심하게 파괴됐다. 이탈리아 함선은 팔레르모와 메시나 항에 정박하지 못하고, 결국 이탈리아 반도의 중부 항구로 이동했다.

또한 연합군 공군과 잠수정은 시칠리아 섬 부근에서 항해하는 이탈리아 상선을 공격했는데, 6월에만 상선 4백 척을 격침시켰으며 총 톤수는 50만 톤에 달했다.

이 기간 동안 막대한 타격을 입은 이탈리아 공군 역시 7월 1일 발진할 수 있는 비행기가 3백 대도 되지 않았다. 7월 2일 밤, 연합군 공군은 또다시 이탈리아 본토의 비행장과 시칠리아 섬의 모든 비행장에 융단 폭격을 가했다.

7월 8일 동틀 무렵, 동·서부 영·미 기동함대는 함선과 주요 상륙정 2천5백 척에 16만 병력을 싣고, 비행기 1천 대의 엄호를 받으며, 북아프리카와 중동 항구에서 출항해 각각 예정된 상륙 지점을 향해 나아갔다.

9일 새벽녘, 지중해에는 갑자기 강력한 북풍이 몰아쳤다. 이에 기함 몬로비아호에 있던 서부 기동함대 사령관 허스트 해군 중장은 상륙 시간을 연기해야 할지를 고민했다.

허스트가 함상 기상실 주임과 연락해 기후 변화 가능성에 대해 묻자 기상실 주임은 9일 24시경 북풍이 잦아들 것이라고 대답했다. 그래서 허스트는 계속 목적지로 나아가기로 결정했다.

램지 중장이 이끄는 동부 기동함대도 세찬 바람에 맞닥뜨렸다. 그러나 이제 와서 상륙 시간을 연기하기에는 너무 늦었으므로 원래 계획대로 계속 전진했다.

9일 오후, 서부 기동함대의 대규모 상륙전함이 시칠리아 섬 남쪽 해안 아그리젠토와 브라케토 사이 젤라 만에 도착해 이곳의 리카타, 젤라, 스코그리티 해안가에 상륙하기로 했다.

황혼 무렵, 기동함대 앞에서 항해하던 브리스틀호 구축함이 상륙 표지인 영국 잠수정 여행 자호를 발견했다. 함장 글리크 중령은 즉시 연락을 취해 그 자리를 대신해 표준 함대로서 남쪽 방향으로 탐조등을 밝혔고, 각 함정은 예정된 위치에 들어섰다.

저녁 10시 10분, 미군 브루클린호 순양함과 버밍엄호 순양함이 4개 상륙 돌격대대를 엄
호하며 해안가에 접근했다. 뒤이어 비스케인호가 리카타 방파제에서 동남쪽으로 약 4km
정도 떨어진 곳에 닻을 내렸다. 기타 전차 상륙정도 정박한 후 보트를 내려 상륙 준비를
했다.

해안에 있던 이탈리아군이 닻 내리는 소리를 듣고 즉시 탐조등으로 비스케인호를 비추었
다. 함장 코닐리 소장은 즉시 총포로 적군의 탐조등을 명중시켰다.

곧이어 리카타 지역의 아그리젠토, 모라, 살소, 팔코나라에서 돌격대가 대규모로 상륙하기
시작했다.

4시 10분, 아그리젠토 해안가에 상륙 예정인 미군 선두부대가 무어 중령의 지휘 아래 상륙
정에 나눠 타고 신속하게 육지로 다가갔다. 이탈리아 수비군의 기관총과 화포가 즉시 해안
가 및 부근의 수면을 향해 불을 뿜었다.

4시 35분, 첫 번째 그룹의 상륙정이 모두 해안가 모래사장에 닿았다. 10분 뒤 이탈리아
군 비행기가 급강하해 상륙함정에 폭격했으나 모두 명중하지 못했다. 미국 군함은 즉시
20~70mm 함포로 적기를 포격해 쫓아버렸다.

4시 45분, 미군 윌슨 소령의 보병 상륙정 6척과 뉴비긴 소령의 보병 상륙정 9척이 해안가
에 접근했다. 그 시각, 해안 방어진지에 있던 이탈리아 수비군은 대부분 도망가고 일부 기
관총 사수만 남아 진지를 지키고 있었으며, 멀지 않은 곳에서 2개의 포병중대가 상륙정을
향해 포격하고 있었다.

상륙정 한 척이 전력으로 해안가 모래사장으로 다가와 부대를 상륙시켰고, 다른 한 척이 거의 해안가에 닿을 무렵 이탈리아 병사 하나가 25m 떨어진 절벽에서 상륙정을 향해 수류탄을 던지려 했다. 연합군 병사가 이를 보고 그 자리에서 사살해 상륙정은 순조롭게 모래사장에 닿았다.

기타 보병 상륙정도 해안가에 도착해 이탈리아군과 치열한 전투를 벌였다. 정각 5시, 전체 돌격대대가 모두 해안에 상륙했고, 곧이어 3개 야포대대가 해안에서 500~1,000m 떨어진 진지에 진입해 포화로 보병을 지원했다.

6시 45분, 브루클린호 순양함이 해안에 접근해 이탈리아군을 포격함으로써 적의 화력을 제압했다. 7시 15분, 코널리 소장은 전차 상륙정에 신속하게 해안의 방어진지를 점거하라고 명령하는 동시에 연막탄을 뿌렸다. 정각 8시, 전차 상륙정 전부가 해안에 닿았고 병사들은 상륙해 앞으로 돌격했다.

제7보병연대 제1대대 병사들은 신속하게 적의 방어진지를 점거했고, 공병들은 모래사장에 놓인 가시철조망과 화력진지를 제거했다. 상륙한 보병들은 모래사장 북쪽으로 1.6km 떨어진 평원에서 합류한 후 함께 전진했다.

에디슨호 구축함이 이끄는 모라 상륙돌격대는 미군 모리스 중령의 지휘 아래 센티넬호 소해정*, 육·해군 지휘관을 수송하는 제32호 보병 상륙정, 대다수 미군 별동대원을 수송하는 영국 보병 상륙정 2척과 함께 모라 해안가를 향해 앞으로 나아갔다.

*소해정(掃海艇): 〈군사〉 바다에 부설한 기뢰 따위의 위험물을 치워 없애는 데에 쓰는 배

모리스 중령은 군함을 타고 해안에서 약 6km 정도 떨어진 수송함으로 갈아탄 후 각 함정에 펼쳐 서서 정박하고 보트를 띄우라고 명령했다.

먼저 상륙한 정찰습격중대가 보내온 신호에 따라, 별동대원을 실은 상륙정 2척이 암초가 많아 위험하고 자그마한 2개의 만에 진입한 후 상륙한 병사들은 즉시 가시철조망을 넘어 진격해 날이 밝을 무렵에는 리카타 근교에 도착했다.

모라 돌격대는 전차 상륙함 6척에서 차량 및 병력 상륙정을 내려 제3사단 제15연대 제2대대를 상륙시켜 솔레 산의 감제고지를 점령했다. 11시 30분, 미군은 리카타를 점령했다.

서부 기동함대 작전 범위 내에서 젤라 상륙전은 가장 치열한 전투였다. 젤라를 수비하고 있던 이탈리아군은 헤르만 괴링 정예 기갑사단, 리버노이스 보병사단 및 니스세미의 전투군단이었다. 이 전투군단은 시칠리아에 있는 대부분의 이탈리아군 전차를 보유하고 있었다.

젤라 상륙을 지휘한 홀 미 해군 소장은 고조 섬 부근에서 수송함선을 3개 종대로 재편하고, 순양함과 수송함으로 구성된 제1종대는 가운데에, 보병 상륙정과 전차 상륙함으로 구성된 제2·3 종대는 양익에 배치했다. 편대는 영국 순양함 서배너호를 선두로 조심스럽게 전투 대형을 이루었다.

연합군은 특별히 서북아프리카로부터 수송기 2백 대를 차출해 미군 제82공수사단을 젤라 동쪽에 착륙시켜 도로와 평원 고지를 점령하게 했다. 10일, 동틀 무렵 미군의 공수부대가 계획대로 시칠리아 섬 남쪽 기슭 115호 도로와 니스세미 도로의 교차점에 착륙했다.

이 공수부대는 착륙한 후 즉시 니스세미 도로를 봉쇄했는데, 착륙한 날 이탈리아군 전차종 대가 돌파하려는 것을 두 차례나 저지했다.

이 외에도 공수부대 약 1백 명 정도로 구성된 1개 조가 니스세미 성 남쪽의 커다란 별장 주위에 견고한 거점을 구축하고 젤라로 통하는 도로를 통제했다.

홀이 지휘하는 함대는 상황을 파악한 후 기회를 보다가 신속하게 해안가로 다가갔다. 별동 대를 수송하는 상륙정이 거친 파도를 맞받으며 상륙 지점에 접근하자 병사들은 앞다퉈 뛰 어내렸다.

해안가 모래사장에는 뜻밖에 지뢰가 잔뜩 매설돼 있어 일부 병사들이 부상을 당했다. 이탈리아군은 연합군이 우왕좌왕하는 틈을 이용해 맹렬한 사격을 개시했다. 연합군 1개 중대는 거의 1개 소대 병력의 손실을 입었으나 여전히 전력으로 돌격해 이탈리아군을 격퇴했다.

이와 함께 다른 3개 중대도 젤라 시가지로 쳐들어가 재빨리 시내 광장을 점거하고 대대 지휘소를 세웠다. 아침 8시, 젤라에서는 더 이상 추축군의 조직적인 저항이 없었다.

10일 새벽녘, 젤라 상륙부대가 초기 단계의 공세에 성공한 후, 이탈리아 구조니 장군은 반격 명령을 내려 젤라 연합군의 상륙 거점을 제거하려 했다.

니스세미 지역의 이탈리아 쾌속기갑군은 명령을 받고 두 갈래로 나누어 젤라에 접근했다. 같은 날 아침 9시, 연합군의 수상비행기가 해안 도로에서 약 3km 떨어진 곳에 이탈리아군 전차 여러 대가 있는 것을 발견하고, 즉시 구축함 포위스호에 전차의 위치를 보고했다.

포위스호는 즉시 1개의 포탑으로 여러 대의 전차들을 포격해 이 기갑부대의 전진을 저지했다.

동시에 구축함 슈브리크호도 이탈리아 경형 전차 25대로 구성된 또 다른 기갑부대를 포격해 전차 3대를 파괴하고 다른 전차들의 전진을 막았다.

추축군 전차는 겨우 9대가 오전 10시경 젤라 성에 진입했으나, 이것도 먼저 들어온 미군 별동대의 맹렬한 공격으로 2대는 로켓포에 파괴되고 1대는 항복했으며 나머지 6대는 급히 도망쳤다.

연합군의 젤라 상륙이 성공한 것과 같이 다른 상륙부대도 계속해서 계획된 지점에 상륙했다. 그중 미군 제16연대는 해안도로를 따라 진격해 니스세미 도로의 교차점에 도착한 후 먼저 이곳에 착륙한 미군 공수부대와 합류했다.

이후 미군 제16연대는 프리오로 부근에서 이탈리아 전차 10여 대와 격전을 벌이고 있는 미군 공수부대를 발견하고 즉시 지원 공격을 펼쳐 결국 이탈리아 전차는 후퇴했다.

10~12일 사이, 서부 기동함대가 수송하는 상륙부대 4만 6천여 명이 모두 시칠리아 섬 서남쪽 각 지점에 상륙했고, 동시에 수많은 군수품과 대량의 전투차량을 시칠리아 섬으로 운반했다.

허스키 작전 계획에 따라 영국 램지 중장이 지휘하는 동부 기동함대도 같은 날 영국군 몽고메리 중장이 지휘하는 제8집단군을 시칠리아 동부 해안에 상륙시켰다.

동부 기동함대의 상륙 지점은 4곳으로, 파치노 반도 서부 해안, 파치노 반도 남쪽 해안, 파세로 곶 부근에서 벤디카리 사이 해안, 노토 만에서 마달레나 반도 사이 해안이었다.

10일 새벽 1시경, 영국 비안 해군 소장이 이끄는 함대는 사령선 힐러리호 순양함의 인솔 아래 영국 제40·41 해병대 상륙돌격대와 캐나다 제1보병사단을 싣고 파치노 반도 서쪽 해안에 접근했다.

영국군이 상륙할 때 많은 상륙정이 육지 위까지 파도에 떠밀려 와 병사들의 상륙은 더 신속하게 이루어졌다. 5시 30분, 많은 영국군이 상륙한 해안가서 '상륙 성공'의 신호를 보내왔다. 시칠리아 섬 동부 상륙도 성공적이었다.

영국군은 상륙한 후 즉시 상륙 지점에서 서쪽으로 수km 떨어진 곳에 있는 중요한 도로 교차점인 포잘로 마을로 진격했다. 영국군 소속 캐나다 제1보병사단이 명령에 따라 포잘로를 공격했고, 이탈리아 수비군도 대포를 맹렬히 쏘아대며 저항했다.

이탈리아 수비군에 저지당한 캐나다 부대가 함대에 화력 지원을 요청해 해상 함정은 즉시 함포로 포잘로를 포격했다. 이탈리아 수비군은 얼마 안 가서 백기를 내걸었다.

11일, 캐나다 부대는 모디카를 점령했고 이탈리아 수비군은 캐나다 부대에 항복했다.

연합군의 강력한 공격으로 이탈리아군은 연이어 패했다. 12일, 캐나다 제1사단과 미군 제45사단이 거의 동시에 시칠리아의 수라구사에 진입했다.

14일, 캐나다 제1보병사단은 영국군의 지원을 받아 수라구사에서 엔나로 통하는 중요한 길목에 있는 비즈니를 점령하고, 그 부근에서 이탈리아군 베르누이사단 사단장 및 사단 사령부 소속 군관 및 병사들을 포로로 붙잡았다.

동부 해안의 또 다른 지역에서는 맥그리거 소장이 지휘하는 함대가 영국군 제51사단을 포르토팔로 만 양쪽에 상륙시켰다.

영국군 돌격대는 함포의 엄호를 받으며 해안에 상륙한 후 이탈리아 수비군을 향해 맹공격을 퍼부어 신속하게 물리쳤다.

그 뒤를 이어 수많은 영국군 병사가 상륙하고, 수륙 양용 자동차 및 기타 차량 등이 끊임없이 해안으로 내려와 예정된 계획대로 앞으로 진격했다.

10일 정오, 영국군 상륙부대는 파치노 비행장을 점령했다. 영국 공병 비행장 정비팀이 재빨리 비행장을 정비해 14일에 연합군 공군 전투기 중대가 이 비행장에 주둔했다.

동부 기동함대 중 토로우브리지 해군 소장이 이끄는 함대는 영국군을 노토 만에서 마달레나 반도 사이에 상륙시켰는데, 이 일대가 영국군이 최대 규모로 상륙한 지역이다.

영국군은 노토 만에서 13~16km 되는 지역 중 10곳을 상륙 지점으로 정했다. 수송함대가 이탈리아군 해안 포병과 포격전을 벌여 적군의 화력을 억누른 후 함포의 엄호 아래 대규 모 상륙부대가 해안에 내려 돌진했다.

10일, 날이 희뿌옇게 밝아오자 영국군 제50사단 사단장은 신호를 보내 모든 부대가 상륙 을 마치고 해안을 점령했으며, 해안의 적군 및 방어진지를 모두 제거했음을 알렸다.

상륙 성공 후 영국군 제50사단은 2개 종대로 나누어, 11일 새벽, 각기 아보라와 노토를 점령했다.

영국군의 모든 상륙부대는 이탈리아군의 미약하고 산발적인 저항을 물리쳐 가며 신속하게 진군해, 14일, 수라구사와 아우구스타를 연이어 손에 넣었다. 몽고메리의 제8집단군도 시칠리아 섬의 동남부 지역 전체를 점령했다.

시칠리아와 북아프리카에서 이탈리아군의 실패는 이탈리아의 군사·정치·경제 위기를
심화시켰다. 7월 25일, 이탈리아 국왕은 파시스트 총수 무솔리니를 불러 '가장 가증스러운
사람'이라고 비난한 후 파면과 함께 감금했다.

그 시각, 몽고메리의 제8집단군과 미국 패튼의 제7집단군은 매서운 기세로 시칠리아 내륙
과 북쪽 해안으로 진격했다. 8월 17일, 연합군은 전체 섬을 점령하고 시칠리아 전역을 성
공리에 마무리했다.

시칠리아 전선에서 영·미 병력 손실은 사상자와 실종자를 합해 약 3만여 명이었으나, 독일·이탈리아 추축군은 16만 5천 명의 병력을 잃었는데 그중에는 13만 2천 명의 포로도 포함됐다. 연합군은 시칠리아 섬을 점령한 후 계속해서 이탈리아 본토로 진격했다.

9월 8일, 바돌리오 원수가 새로 구성한 이탈리아 정부는 연합국에 항복했다. 무솔리니 정부의 붕괴와 이탈리아 정부의 항복은 파시즘 추축국의 해체를 의미한다. 19일, 연합군은 승세를 몰아 이탈리아의 사르데냐 섬을 점령했다.

10월 1일, 연합군은 이탈리아의 나폴리를 점령했다. 같은 날, 이탈리아 동쪽 해안의 포지아와 비행장도 점령함으로써 오스트리아, 독일 남부 및 발칸 반도의 군사 시설과 교통 중심지를 공습할 수 있게 됐다.

10월 14일, 연합군은 코르시카 섬을 점령했고, 클라크 장군이 지휘하는 미국 제5집단군은 카푸아를 점령했다. 이렇게 연합군은 이탈리아 남부를 가로지르는 길이 약 200km의 전선을 구축했으며, 계속 독일군 점령 지역인 북유럽 원정을 준비했다.